How do you like our book?

We would really appreciate you leaving us a review.

Other Activity Books:

For other fun Activity Books by Vanstone,
simply search for

Vanstone Activity Books

TABLE OF CONTENTS

Puzzles

Solutions

How to Solve Sudoku

The basic rule of Sudoku: In each of these Sudokus, there is a set of nine 3x3 grids laid out in a large square that is to be filled with digits. Every single 3x3 square and each row and column must contain the digits from 1 to 9. No digit can be repeated within the same 3x3 grid nor in any row or column. For example, if a row already has a 4 in it, that row cannot have another 4 in it. Also, if a 3x3 square already has a 7 it cannot have another 7.

Important: Use a pencil and eraser. When first starting out, you are likely to make mistakes and you will want to be able to erase them to keep your Sudoku in order and clean.

Situation #1: Single empty square in a row, column or 3x3 square. If there is a row, column or 3x3 square that has only one empty square left, you can see very easily which digit is missing from 1 to 9. If the row already has digits 2 to 9, you know that the only digit missing is a 1. If a 3x3 square has the digits 1 to 4 and 6 to 9, you know the missing digit is a 5.

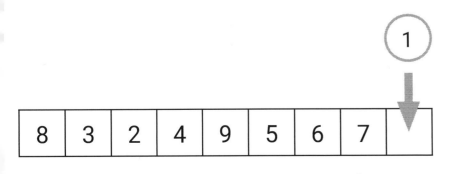

Situation #2: Look at a row or column. Look to see if there is a digit that is in two of the three 3x3 squares. As we know, if a digit is in a 3x3 square, it cannot be again in the same 3x3 square. If a digit is in a row or column, it cannot be in the same row again. In this example we see the left 3x3 square has a 1 in it on the second row. This also tells us that the digit 1 cannot be anywhere else in that same 3x3 square, and it also cannot be repeated in the entire second row.

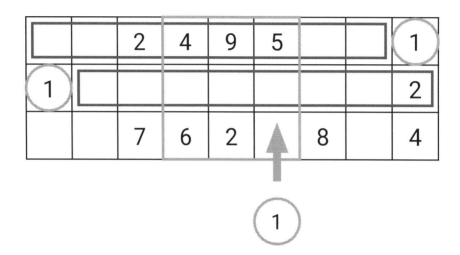

Then, we see that there is a 1 in the right 3x3 square, in the top right corner which is also the top row and the right side column. So we now know that there cannot be another 1 in that 3x3 square and there cannot be another 1 in the entire top row nor the entire right column. So now we can look at the middle square and see that the 1 cannot be in the first or second row of that square. In the bottom row of the middle 3x3 square we see that there is a 6 and a 2, leaving only one empty space. That is the only place where the 1 could possibly be.

Repeat this for all three 3x3 squares top to bottom and left to right with all digits 1 to 9. You will start finding the first digits and then you can also repeat this step as many times as needed.

Situation #3: You have multiple possibilities. Sometimes when scanning over the rows, columns and 3x3 squares, you have multiple options for which digit fits in which space. Start penciling in where that digit could be within that square or row. At the beginning, look for digits that only have two options within a row, column or 3x3 square. If needed, you can pencil in even more possible digits as options into the square. Look over all the possibilities and you will find the exact digit for a square or row. (It is best to pencil in options small in the corners, so you do not mix it up with a correct digit and make a mistake)

4	8	3	5	7	2	1	6	8 9
7	1 2	5	3 6	3 6	9	4	2	8 9
9	1 2	6	1	4	8	7	5	3

Here is an example of penciling in possible digits to find the next correct digit. In this example, we are trying to find the next digit 1. In the top left 3x3 square we can see there are two possible options where the digit 1 can be. It could be in the center middle and the bottom middle spaces of the top left 3x3 square. Then, in the top middle 3x3 square, we can see there are also two possible spaces for digit 1. In that 3x3 square both possibilities are in the bottom row. Since the middle 3x3 square can only have the digit 1 in the bottom row of the square, that tells you where a digit 1 must be and that out of those two options there will be the only 1 in the entire row. Knowing that, and looking at the top right 3x3 square again, we now know that the digit 1 cannot possibly be at the bottom center of that 3x3 square since there will certainly be a 1 in the bottom row of the top middle 3x3 squares. So that leaves the only possible place for the 1 to be in the top left 3x3 square and that is to be the empty center middle space.

As you solve more and more Sudokus you will also create your own way of thinking and solving them with your own possible variations to the above examples of how to solve a Sudoku.

Pro Tip #1: Try to work on rows, columns and 3x3 squares that are nearly complete. Getting rows,columns and squares filled out, will start making it easier and easier.

Pro Tip #2: Work with individual digits. Look to see which digit you already have many of. It can help you figure out the rest of that same digit. Scan up and down as well as left to right on each row and square. See if you can figure out more of the same digit. Getting one of the digits into every square will start making the rest of the digits easier to determine as well.

Pro Tip #3: Never guess a digit if you cannot figure it out. Setting a wrong digit could make it so you cannot solve the puzzle and come out with more wrong answers. Only pencil in your options.

Pro Tip #4: Recheck frequently. As you keep figuring out new digits by scanning each row and column, in all directions and the same with the 3x3 squares and individual digits, and the marked possible digits, you will find even more correct digits. So repeat the same scans and techniques frequently until you finish the Sudoku.

Pro Tip #5: If you must look in the back of this book for the solutions, try and learn from them so you improve each time you do one. You will eventually be able to solve harder and harder Sudokus.

1.

	5	9	6		3	2	1	7
8	7	2	1	4			5	
					2		9	8
2		7		1		3		5
1	9		2			8		4
		3	4	6	7		2	9
9		5	8	2	4	7	3	6
6	3	4		5	1	9	8	2
7		8	3	9		5		1

2.

	2	7	3		8	6		
9			5	2			8	
6	3	8		7	1	4	2	5
4	1	9		3				
7			8				1	4
8	5	2	7		4	9		6
3	9		1	6	7	2		
2		6	4	8	9		5	3
1	8	4	2	5	3	7	6	9

Sudoku

3.

4	1	3	8		6	5	9	
	5	2	3		4			1
9	7	8	2		5	4	3	
8	6	1	7		2	9	4	
3		5		8				7
7			6		1			8
1		6			7	2	5	3
5	3	4	1	2	8	6	7	
2	9	7	5			8	1	

4.

6	2	4		7	8	5		9
	7	9		4	2	8		1
5		1		9	6	4	2	7
	5		6	2	9	1	4	
2		6	7	3		9	8	5
9		3	4				7	6
4				5		6	1	2
			8			7	5	4
7	6		2	1		3	9	8

5.

5	4	8		2	9	7	1	6
3	7	1		4	6	2		9
		6	5	1	7	3		
7	2	9			3	5		
8		5		9				3
4	6	3	7		1		9	
			1	3	4	9	2	8
1		2	9	7	8	6	4	5
9		4	2	6			3	

6.

6		4	7		2	3		5
	3	8	6	5	4	7	9	2
2		5	1		9	8	6	4
			4		1	5		
	4	2	8	7	6	9	3	1
9	1	6	3		5	4		7
8							5	3
4	5		2	6	3	1	7	8
7	6		5	1				

7.

5			1		3			
	9	6	2			1	8	
	2	1	8	7	6			4
8	3	2	9	6	1		7	5
1	7	9	3	5	4	8	6	2
	5	4			2	3		1
9				2	7		1	8
4	8	5			9	2	3	7
2	1		5			6	4	9

8.

7		9	3	4	5		8	
5	8		2		1			4
1	2		7	8	6	5	3	9
	9	5		2	3		1	7
	1	8	5		4	9		
	4	7	1		9		5	8
	3		6		7	8	4	5
4	5	6	9	3		1	7	2
		1	4				9	3

9.

1	3				9	7	5	
5	9	4		3			6	1
	2		1		4	9	3	8
7	1	6			2	5		3
4	5	9	3	7		8		2
2		3	4		5	6	9	7
3	4		9			1		5
	7	1			3	4	2	6
8	6	5	2	4	1			

10.

		8	5	6	9	4	2	7
6		7		2	4		9	
4			7	1	3	6	5	8
			4			1	6	
			3	5			7	9
8	1	9	2	7	6			
9	4	3	6	8	7	2		5
7	2	6	1	4	5	9	8	3
5	8				2	7		6

11.

			3	4	6			9
4	9	3	7	8	2	6	5	
2		7	9	5		3	4	8
	7		4	2			1	3
3	5	2	1		9	8	7	
	8		5	7	3	9	6	2
9	2		6	3		4	8	5
7	4			9	5			6
5		6		1	4			

12.

5	4		3	1	7	8		6
8	7	2	6	5	9	3		4
1	3				8			
9		5		8			3	2
	8	3	1	9	2	4	5	7
	2			6			1	8
	5	1	4	2		7	9	8
2	9				1	5	6	
7		8		3	5	2	4	1

13.

	6					4	2	
	7	3	6	5	4	1	8	9
9	4		2	1	3		6	
4	2	1				8		
8		6	7		5	2	3	1
3	5	7		2		6		4
5	8	4	9	3	2	7	1	6
		9	5	8	6	3		2
		2	4	7	1	9		

14.

9	5		3	1		2	7	4
3		4	8		2	6	9	
7	6	2	9	5	4			8
			6		5	9		2
5	9	3	2			7	4	
4	2	6				8		1
1	3		4		8	5	6	7
			5	6	9	1		3
		5	1	3	7	4	2	9

15.

8	1			9	6	2		7
2		4	7			1	9	
9	3		1	2	4		6	5
	5	2		6		3	8	
1	7	6	2	8	3	9		4
3	9	8	4			7	2	
5	2		6					8
	8			4	1	6		2
		1	8	3	2	5	7	

16.

9	3	1	4	5		7	6	2
4			7	3		9	8	5
7		5			2			1
1	9	2	3		4		7	6
3	7	4	6		5	2	9	8
		8	2			1		3
8	4		5	2			1	
2		3			7	6	5	
	5	9	1	4			2	

17.

5			1	8	2		6	3
		1			3		9	8
	2	8				1		5
2	1	7		3	8	9		
4	8	6		1	7		3	2
9	5	3	4	2	6	7	8	1
1	3	2			9	6	5	
8	9		2			3	1	7
				4	1	8		9

18.

	4	6	8	2		7		5
9	2	5	1	3	7	8		4
	8	7		5		3		9
7	9	4		1	2			8
5	1	2	9			4	7	3
		8			5	1		2
4		1	5			2		7
	7	9		6		5	4	1
2			7		1	9	8	

19.

6	1	9		7	2			
	4			1	3	5	9	
7			4	9		2	1	
			9	4	1		8	
5		8	3	2	6	9	4	1
1	9		7	8	5	3		
2	3	7	1				5	8
4		5		3	7			9
9	8	1	2	5	4	6	7	

20.

	1		9	5		3		
2	9		3			1	7	8
6		3		7	8		5	9
			6	8	9		2	7
	6	2	4	3	7	5		1
7	8	4	5		1		9	
	3	8	2	9	4	7		5
4	7	6			5	9	3	2
5	2	9					1	

21.

4	2		5	3				
7	6	9	2			5	3	
5	1	3	4		9	6	8	2
6	3	5	8					7
	4	2	7			8	5	6
	8		6		5		1	
8		4	1	6	7		2	5
3	7		9	5	2		4	
2	5				8	7	6	9

22.

2		9	7	3	8	4	5	
5		4	2	6		8		
	1	8	4			6	3	
6			3	7	2		8	9
			9			7	1	6
9		7		5	6		2	
			8	2		9	4	5
4	9	3	5	1	7	2		8
8	2	5		4	9	1		3

23.

9	2	4			3	7	1	
1	5		2		4	8	3	
	8	3	7	1	5	4	9	2
	1	2	4	6	9			
7	9	6		5		1		8
3						2	6	9
5	7			3	1	6	2	4
	3	8	5				7	1
2			9		7		8	3

24.

3		4	1	9				
6	8		5		2		3	1
	1		6	3			9	7
1	3	7				6	5	8
8	2		3	6		9		4
	9	6	8		7	1	2	3
7	6			4	3	5	1	9
9	5		7		6	3	4	
		3	9	1		7	8	

25.

4		6		1		7		5
1		3	4	7	9	2	8	6
		9	8	5	6	4		
8			9		1		2	7
	6	7	2		8	1		9
	1	2	5	3	7	6	4	8
2		8	7					
6		5	1		3		7	4
	7	1	6	8		9	5	

26.

		1	8			6	2	
9	6		1	5	2	4	3	
2	8	5				1		
7	2	3	4		9		8	1
	5					7	9	2
	9	8		2		3		
6	1	2	5	8		9	4	7
8	3	4	9	7			5	
5	7	9	2	4	6		1	3

27.

1				7	3	8	9	4
6	4		1	5	9	7		3
	3			8		5	1	6
8	1	6		9	2	4	3	7
2			3	1		6	8	9
		9	8			2		1
		3	7		5	1	6	8
7			9	6	1		4	
		1	4	3	8	9		

28.

		9	6		2	8	1	
1			7	9	5		6	
4		6		1	8	7	9	5
8			9	2			7	1
2	6		5	7			8	
9	1	7		6	3	5		2
		2	1	8	7	9	5	6
6	7	1	2	5		4	3	8
		8		3		1		

29.

6		2	8		7	4		3
	5	4	6	2	3	7	9	
	8	3		9				6
9	3	1	7	4	8	2	6	5
2		5	9	3	1		4	
		8				9	3	1
8		7	4	1		3	5	
			2	7		6	8	
		6			9	1	7	

30.

7	1	6	3					2
		3			5		8	
8		5	1	2	9	7	6	3
	3			9	6	8	7	
5	6			1		3		9
9	7		5	3	4	1	2	6
1	5	4	9		2			8
6	8				3	2		
3	2	7	6		1	5		

31.

		2	7				3	5
1			6			8		
5	3		8		4	6		
		5	4		1	9	7	
	7	9	2	8	5	1		3
4		1	3			5		2
7	5		1	4	2		8	
2		8	9	3	6		5	4
9		3	5	7	8	2	1	6

32.

3		8	9	1		7	4	5
	4	1	3		5	6	8	
6	7		8	2		9		3
		2	1	4	3	8	7	6
4	8				7	1	2	
1			2	8		3	5	
2	3	4	7	9				1
		9	6	5		4		
	5			3		2		8

33.

		2				4		3
4	9	7	2	8		6	5	1
6	3				5	8	7	
					4	2	8	
	6	8					1	4
2	1	4		6	8	9	3	7
8	7	5		2	6	1	4	9
		9	4	5	1	7	6	8
1	4						2	5

34.

9	3		2		6	5	8	4
	2	1			5			
	6	4		8	3	1	9	
4				9		8		5
	8		1				7	3
7		6	8	3		9		
3	7	8	5	2	9		1	6
6	9		4	7		2		
1		2	3	6	8	7	5	9

35.

6		9	5			3	2	
8	1		3	2	9			7
	4	2	7	8			5	9
7			8	4	1	5	9	
	2	4				7	8	3
	9	8			7	4	6	
4	6		9			2	1	
9		7	1	6		8	3	
2	8	1		5	3		7	

36.

5	6	9	2	8	7		1	4
7	8			1	9			2
1		3		5			7	9
		6		7		4	2	3
3	4	1			2	7	9	
8		2			3	5		
			8	2	6		3	
6		7	4	9		2	8	
	1	8	7		5	9	4	6

37.

1	8		3			5	6	
6		9	1		7		8	
5				8	9	7		4
4	1	8	2			6	9	5
2	7						4	8
9	5	6	4	1	8	3		2
3	6	1					2	
7		4	9	3	1	8	5	
	9	5	7	6			3	

38.

	8	9				5	4	6
		2	1	4			9	3
				9	6	1	8	2
		4			5	3	7	8
8	5	7		1		2		
9	3	6	8		2			1
6		8	2	5			3	
	2	5	6	3		8	1	7
3	9	1	7	8	4			5

39.

1			8	3	7	6		9
7	6	3	4		9			5
2	9	8			1		4	
6			2				9	3
5		7	3	9	6		8	2
3	2	9	1			5	6	4
	3		5	8		2		1
8	7	2					5	6
4				6	2		3	8

40.

	1		5					
6	3	2		9	7	4	1	5
4	5		6		1	2		
5	4	1	2	7	9	8		6
9	2				3	1	5	
3	7	6		8	5		2	
2	6	4	3	1				9
1	9		7	5			8	
		5	9		6	3	4	

41.

2	3		6	7		4		
	1	6	4	2		8	3	5
5		4	1	3	8	6		7
	4			8	1			2
		7		5		9	1	6
9		1		6	2	3		
		2	5	4		1	8	9
4		9	2	1		5	6	
		5	8	9		2		4

42.

3	2		8	7	9			
5	9	1		3		7	8	
4	8	7		1	5			9
8	1	9		4	3	6		2
					8	4	7	3
7		4		5	6		9	
1	7		9	2	4		6	5
	4	8	5		1		2	
	5	2	3			9		1

How to play Word Search:

• The words that are listed on the side are hidden in the grid. You have to find and circle every word inside the grid that is on the list.
• The hidden words can be hidden in the following eight different directions: forwards, backwards, vertically, horizontally and diagonal.

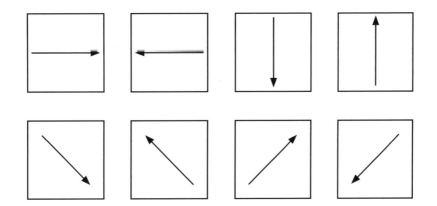

• Words can overlap and cross each other.
• When you find a word from the list, circle the word inside the grid and on the list so you know that word is done.
• The solution to each puzzle is in the back of the book.

1.

S	E	S	O	R	Z	S	U	E	F	O	S
R	L	L	A	K	K	M	I	W	T	A	B
U	J	Y	X	I	P	E	V	I	U	A	K
H	P	U	W	U	R	L	K	C	M	V	D
R	Z	B	H	O	L	N	E	E	S	L	E
A	J	O	H	N	R	T	F	A	F	L	E
N	U	C	W	L	F	H	O	H	S	O	U
R	Z	M	T	I	V	L	F	O	I	E	Q
P	S	K	G	O	S	Z	D	L	D	J	I
A	A	I	R	V	O	Q	A	D	I	Y	N
W	Q	S	H	A	X	K	Y	X	G	J	U
N	F	U	N	Q	B	N	O	I	T	C	A

UNIQUE
BUY
TOOK
BARK
HOUR
HOLD
DATE
ROSE
CHORE
ELSE
~~FUN~~
ACTION
SAUCE
GIFT
PLEASE

2.

W	X	I	L	K	S	T	R	O	N	G	A
P	E	O	P	L	E	T	H	G	I	E	W
D	J	M	W	W	L	I	O	E	G	U	S
R	E	E	A	S	I	E	R	U	P	R	R
A	L	S	E	D	C	P	R	A	E	X	U
H	H	B	O	L	W	R	M	T	T	R	O
H	T	I	E	H	K	O	U	B	H	U	H
D	T	A	C	O	T	P	T	O	G	S	S
I	N	J	S	T	M	E	F	R	I	H	I
A	C	S	O	O	P	R	O	I	R	E	E
Y	I	B	C	I	W	T	Q	N	L	D	A
T	N	Y	Q	C	Z	Y	K	G	A	I	L

STRONG
HARD
HOUR
BORING
COMPUTERS
ALRIGHT
SIT
BOTTOM
CLEAN
~~PEOPLE~~
THOSE
PROPERTY
EASIER
WEIGHT
RUSHED

Word Search

3.

S	M	S	Y	T	R	E	P	O	R	P	S
G	A	B	C	O	S	M	F	W	O	H	E
C	W	E	S	R	B	T	I	V	U	A	G
V	I	E	U	U	O	E	R	N	X	R	A
B	W	P	A	L	E	W	C	O	R	S	P
A	Y	C	L	L	H	O	N	B	N	H	U
L	H	A	P	Y	M	B	D	F	O	G	Q
A	D	U	D	M	R	E	P	A	I	R	S
N	O	C	O	S	T	O	D	R	K	U	B
C	A	N	N	I	E	G	O	I	I	F	L
E	L	I	N	F	M	U	D	D	D	N	F
T	J	U	I	F	D	E	T	N	I	R	P

HARSH
COUPLE
PRINTED
STRONG
DOOR
CROWN
TUESDAY
ROSE
UNCOMMON
PROPERTY
PAGES
UNITED
DID
BALANCE
REPAIR

4.

M	L	X	U	J	S	E	K	N	A	H	T
M	W	U	R	A	D	E	T	I	C	X	E
A	Y	M	F	D	I	G	I	V	E	K	O
E	X	U	C	E	R	U	B	Y	V	V	H
R	L	R	A	E	P	C	H	X	A	B	S
C	E	Z	N	J	Q	O	L	D	Y	R	M
S	S	B	D	D	H	V	H	A	O	I	F
J	R	K	L	P	B	U	J	S	N	I	R
T	E	J	E	I	A	R	S	D	N	S	E
A	V	F	S	A	N	R	E	Z	I	E	E
C	E	S	I	D	E	K	T	A	S	N	D
S	R	B	Q	E	P	D	Z	Y	D	I	J

REVERSE
SIDE
THANK
MIND
BLINK
BREAD
EXCITED
SHOE
FREE
RUBY
GIVE
CANDLES
SCREAM
HOPEFUL
PARTY

26

5.

R	S	Q	B	A	L	L	O	O	N	Z	A
S	E	F	L	A	S	T	H	I	R	T	Y
K	M	T	O	S	J	V	I	J	X	H	G
F	W	Y	T	L	Q	U	C	L	O	U	D
L	O	A	G	E	A	Y	H	A	Z	Y	O
T	R	R	V	E	L	K	L	T	V	X	N
S	T	G	H	P	W	E	N	A	U	A	L
E	H	O	U	G	A	R	W	A	M	O	S
G	L	E	S	H	Y	S	U	E	H	F	T
I	E	A	V	S	S	V	G	C	C	T	L
D	S	L	C	B	I	X	G	C	X	J	E
T	S	N	I	N	A	I	C	I	S	U	M

ALWAYS
MELT
LETTER
TOOTH
GRAY
THANK
WAVY
ASLEEP
NAME
THIRTY
MUSICIAN
CLOUD
BALLOON
WORTHLESS
DIGEST

6.

E	D	T	N	S	S	I	Y	E	H	C	A
P	R	A	A	P	A	E	P	M	Q	A	D
N	A	U	I	R	I	G	A	T	Y	F	E
G	C	L	S	U	R	C	R	V	L	D	T
H	K	S	Q	A	G	I	K	Q	E	V	I
S	A	E	L	E	E	O	V	V	X	X	A
U	C	A	M	W	H	R	I	E	B	J	W
C	O	S	A	M	O	E	T	C	S	G	F
O	M	O	S	W	C	O	P	E	N	N	O
F	M	N	F	E	X	A	W	O	R	C	O
V	O	I	R	U	S	E	L	E	S	S	R
E	N	T	H	E	M	E	G	R	N	I	P

USELESS
OPEN
SEASON
FOCUS
THEME
PARK
COMMON
CROW
WAITED
PROOF
ACHE
ARRIVE
LIPS
RECEIVED
TREASURE

7.

E	L	U	D	E	H	C	S	S	Z	E	C
Q	K	A	D	E	G	R	E	E	S	T	M
A	H	A	J	G	I	N	T	J	N	X	M
J	S	C	L	J	E	U	I	A	B	F	A
C	Z	L	K	L	V	V	T	V	A	V	R
A	S	A	C	H	L	R	P	C	I	L	K
S	N	W	H	F	O	E	R	T	L	R	O
S	G	D	C	P	S	K	N	E	S	D	D
E	I	Z	M	T	R	E	E	D	S	J	T
U	S	I	C	A	W	T	E	J	N	O	W
G	I	L	J	K	S	M	N	I	O	C	O
W	J	E	L	A	N	I	G	I	R	O	I

SCHEDULE
DEGREES
CLAW
TWO
SOLVE
SIGNS
MARK
LAKE
ORIGINAL
IMPORTANT
DRIVING
WENT
DEER
STEEL
GUESS

8.

T	L	E	B	Q	V	S	W	A	L	E	S
A	T	E	G	A	C	K	M	P	A	B	Z
S	R	C	T	E	L	O	G	S	I	I	C
U	E	P	R	A	U	K	R	E	T	I	D
M	E	R	R	L	N	K	M	A	N	G	E
S	M	W	V	L	Y	O	U	A	E	N	W
Q	G	E	H	I	N	L	D	O	S	I	O
Z	J	O	A	J	C	B	D	J	S	T	L
F	S	F	L	T	S	E	Y	B	E	E	L
A	I	N	D	I	V	I	D	U	A	L	A
K	G	J	I	F	R	E	H	T	R	A	F
U	N	B	C	A	S	T	U	D	Y	I	Y

IGNITE
ALLOWED
STUDY
DONATE
ESSENTIAL
INDIVIDUAL
SERVICE
CAGE
TREE
BELT
WALES
LOGS
FARTHER
MEAT
MUDDY

28

9.

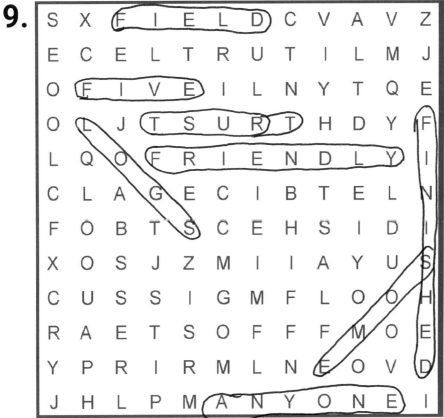

S X F I E L D C V A V Z	~~RUST~~
E C E L T R U T I L M J	TURTLE
O F I V E I L N Y T Q E	~~FINISHED~~
O L J T S U R T H D Y F	LAST
L Q O F R I E N D L Y I	~~FIELD~~
C L A G E C I B T E L N	CITY
F O B T S C E H S I D I	~~TRUST~~
X O S J Z M I I A Y U S	~~FIVE~~
C U S S I G M F L O O H	PROMISE
R A E T S O F F F M O E	~~LOGS~~
Y P R I R M L N E O V D	TIME
J H L P M A N Y O N E I	~~SOME~~
	~~FRIENDLY~~
	OFFICE
	~~ANYONE~~

10.

F H K S E E R M L I V E	ROPES
N G A W B R Z B U F M P	MISS
S U K A I A I Q E E R T	LAUGH
P A P T A M U E V Y O H	EGG
E L S C K T O A O A Y H	SLIPPERY
R X E H S H C M I S S L	TREE
Z H P M Y G C M U O A E	BUSY
N V O A N I Q B V U G A	BEEF
S T R K H N M B H G S R	LEARN
M A G E S U R F A C E N	WATCHMAKER
A O I R D S H H F E E B	COAT
N C N E Y R E P P I L S	NIGHTMARE
	LIVE
	CAVE
	SURFACE

Word Search

11.

K	U	S	T	Y	R	S	R	S	P	A	K
A	W	W	R	O	A	G	Y	E	H	N	M
K	H	A	K	L	M	S	F	E	V	Q	I
B	I	R	E	Y	V	O	U	R	P	E	B
R	S	M	L	U	Z	A	R	W	O	O	F
O	P	B	T	T	B	L	E	R	L	M	S
N	E	D	S	H	U	E	L	U	O	H	Z
Z	R	R	O	K	D	R	U	S	O	W	E
E	E	A	H	S	A	S	K	W	D	T	K
D	D	Z	G	A	T	E	I	E	P	D	A
H	P	I	I	O	J	N	W	L	Y	H	L
Z	T	W	H	Q	G	G	J	F	R	P	I

FROM
WHISPERED
FEVER
WIZARD
LAKE
HOT
SWARM
BRONZE
WEAK
GHOST
TOMORROW
SALE
SHOWING
TURKEY
WEEDS

12.

W	O	H	S	P	G	N	I	N	R	U	B
Z	Q	M	A	L	C	O	P	A	I	D	M
D	Q	S	V	K	L	D	S	F	V	V	I
P	E	P	C	K	U	U	E	T	U	C	G
I	X	O	I	O	L	O	E	A	N	L	E
D	H	J	L	L	N	I	B	I	L	K	L
S	A	M	L	W	E	H	L	I	K	E	B
Q	N	M	R	O	S	S	X	S	S	S	I
B	T	U	A	T	S	J	E	T	L	O	R
Y	N	S	A	G	A	Y	N	G	I	Q	R
R	C	I	E	D	E	A	Y	N	M	S	E
L	N	P	U	R	W	I	E	M	E	H	T

THEME
BURNING
LOUD
PAID
BEES
SHOW
LIKE
WANT
TERRIBLE
STAIN
RUN
SHOCK
PILES
DAMAGE
REST

13.

B	U	H	A	Y	S	U	S	D	R	A	W
Y	S	R	S	T	A	S	E	L	X	W	M
H	T	R	E	I	H	R	E	K	I	X	P
U	O	O	A	L	F	L	E	N	I	G	U
Y	M	O	S	L	A	U	E	B	D	H	L
P	A	L	H	M	C	X	S	T	I	A	L
L	C	F	H	S	P	I	E	O	I	O	S
V	H	F	E	H	M	R	G	D	Q	C	S
D	R	R	T	P	S	R	A	X	A	Y	H
T	S	A	L	I	U	V	M	Z	V	H	X
N	K	E	X	J	I	C	E	O	H	S	S
N	W	V	U	I	E	V	I	G	R	O	F

FISH
PULL
SHADE
GAME
FLOOR
ATHLETIC
SADNESS
FORGIVE
HIKE
SIMPLE
DRAW
SEAS
STOMACH
RESCUE
RELAXED

14.

H	O	R	S	E	C	S	L	D	X	U	G
A	Y	E	U	O	G	G	A	A	P	M	M
S	W	U	M	D	S	L	N	Q	U	J	I
O	U	B	N	W	G	R	L	I	X	Q	O
C	T	L	X	A	H	N	E	I	Y	S	E
I	A	I	L	M	R	Z	I	G	A	R	X
A	B	B	I	T	H	R	G	L	N	O	T
L	E	X	N	S	A	R	A	W	I	I	D
E	E	S	U	S	O	E	O	T	S	M	S
D	V	A	F	W	T	R	R	U	I	E	S
I	M	C	S	S	C	G	N	G	L	V	N
H	Z	D	I	F	F	I	C	U	L	T	E

SINGERS
NARRATIVE
GROWS
GLAD
CROWN
SOCIAL
COMB
HORSE
SMILING
DIFFICULT
TRYING
EQUAL
MIXED
FUN
GREAT

15.

H	O	N	Y	W	S	N	I	C	E	A	D
W	Q	M	R	W	W	M	B	U	O	M	R
F	M	G	L	O	O	O	I	I	E	N	A
U	L	C	R	U	B	N	Y	L	T	F	Z
D	K	D	W	E	L	Z	D	A	I	S	I
E	S	D	N	V	A	W	L	R	L	N	L
S	E	E	S	O	L	T	H	S	O	J	G
U	E	T	P	W	O	U	S	V	P	U	Q
F	D	K	I	L	E	V	O	H	S	S	S
N	A	O	I	R	Z	L	J	Y	I	Y	Y
O	H	B	G	H	W	T	U	N	C	H	N
C	S	T	H	I	S	R	I	Y	W	Q	B

SHOVEL
WORDS
SMILING
HIKE
POLITE
BORN
WRITE
LIZARD
CONFUSED
SHADE
THIS
NICE
LOSE
WONDROUS
GREAT

16.

E	O	H	Y	R	D	J	S	N	T	A	T
H	H	W	S	E	F	Y	R	S	K	Q	M
L	A	C	K	H	D	E	B	H	I	K	Z
V	T	O	A	E	V	F	U	M	R	Y	C
K	J	L	E	E	L	R	F	E	A	O	E
Y	M	R	R	D	R	L	P	L	R	U	D
Y	G	S	B	I	A	A	H	N	A	J	I
E	E	O	E	W	P	X	E	E	T	T	R
K	S	D	G	S	D	R	F	A	O	S	L
N	Z	U	W	A	M	A	E	D	I	L	S
O	Z	E	I	O	S	G	N	D	E	L	S
M	N	E	C	I	V	R	E	S	X	R	N

RIDE
SLED
REVERSE
FLAT
HURRIED
EACH
SERVICE
MONKEY
DRY
GREEDY
NEWSPAPER
JOKE
SAFE
SLIDE
CORNER

17.

K	R	A	P	S	L	Y	S	L	R	A	A
P	Z	U	V	E	G	I	M	E	L	T	O
C	E	M	T	Z	D	Z	E	G	A	P	I
P	R	Z	T	E	C	H	I	U	P	B	Q
Z	T	L	W	H	C	A	D	O	A	R	I
A	U	A	L	J	N	O	S	E	H	O	L
X	L	F	H	T	N	I	S	G	G	B	U
K	S	P	M	A	T	R	S	A	L	H	C
I	E	O	T	E	U	S	R	S	E	G	C
W	V	E	S	O	Y	A	U	S	A	I	O
E	D	K	H	N	O	Z	N	E	K	E	R
Z	S	T	A	M	P	S	W	M	I	N	B

BROCCOLI
LET
NEIGHBOR
STAMP
SIDEWALK
PARK
MESSAGE
OPPOSITE
LEAK
ANY
MOVE
GIANT
DONATE
CHEER
HOUR

18.

S	F	D	Z	S	B	T	T	V	T	A	I
I	P	I	C	C	R	O	N	S	T	K	A
N	M	L	I	L	Z	E	U	E	A	Q	F
G	V	A	U	O	O	B	V	N	G	O	X
E	F	V	Z	L	W	T	D	E	C	R	C
R	W	A	R	W	L	V	H	O	A	E	U
S	H	E	Y	R	R	U	H	I	U	L	L
E	S	V	O	E	H	S	A	N	N	B	E
T	V	B	X	I	S	B	G	T	G	G	T
X	M	O	O	Y	L	R	A	E	M	I	T
X	G	O	M	L	L	N	W	O	R	E	E
G	F	E	Y	P	T	L	B	I	Z	I	R

VALID
URGENT
MOVE
COAST
REVEAL
CLOTHING
WORE
DOUBT
HURRY
LETTER
BOLT
SINGERS
BOUNCE
EARLY
REST

Word Search

19.

B	G	N	U	O	Y	S	E	P	K	B	C
K	Q	E	H	A	K	V	X	T	F	M	T
R	E	T	N	E	C	T	H	A	I	I	U
J	O	Y	W	D	P	U	A	E	K	L	D
O	P	C	D	E	L	O	U	R	A	U	R
U	H	K	C	U	R	T	S	T	V	L	E
R	Y	X	N	H	A	C	T	E	I	R	T
N	E	C	O	I	R	C	E	E	S	E	U
E	H	J	G	I	P	C	D	W	S	T	R
Y	G	H	A	N	A	C	A	S	E	S	N
K	K	H	K	K	I	M	M	N	U	I	O
Y	C	Y	E	J	I	S	V	Q	N	S	M

LUNCH
EXHAUSTED
CHAIR
SWEET
CAKE
TREAT
SISTER
JOURNEY
CREW
YOUNG
CENTER
RETURN
SING
PINK
EXCEPT

20.

T	N	S	S	E	A	S	B	L	I	E	S
H	N	I	Y	C	A	Q	L	L	C	O	D
M	D	A	I	P	Z	I	U	A	G	R	S
U	N	E	W	U	W	O	F	O	H	L	H
Y	M	L	X	L	T	R	R	M	O	H	A
R	N	T	L	I	U	J	E	W	T	L	T
R	W	O	H	S	M	W	W	E	R	E	A
O	H	N	P	K	O	Q	O	L	A	S	E
W	Y	V	G	S	F	W	P	T	I	D	M
Y	K	A	E	N	S	A	D	T	N	B	N
D	E	P	I	R	T	S	W	O	W	D	G
L	A	N	Z	O	I	Q	C	B	E	T	L

MIXED
BOTTLE
SEAS
SURFACE
WHY
WANT
SNEAKY
WILL
TRAIN
SLOW
PONY
MEAT
WORRY
STRIPED
POWERFUL

21.

L	K	M	N	O	O	P	S	A	E	T	A
G	B	M	U	R	C	H	F	G	T	V	N
A	M	B	D	D	A	I	N	I	A	E	W
U	U	W	E	D	N	U	Y	X	E	T	O
L	S	I	O	G	O	R	A	L	R	Q	L
A	L	W	E	Y	E	H	H	V	G	S	L
P	S	R	D	S	D	F	H	T	R	U	U
N	S	A	R	R	O	S	P	A	H	E	F
N	B	U	E	W	P	Q	E	D	S	J	U
M	N	A	A	O	M	G	K	N	I	L	B
R	M	R	N	I	O	B	T	N	G	L	F
H	V	D	X	I	M	R	E	B	M	U	L

YOUNG
NURSERY
EARS
MOM
BLINK
DREAM
FOLLOW
GREAT
SHADOWS
CRUMB
LIE
FINGERS
POND
TEASPOON
LUMBER

22.

S	Y	L	L	A	U	S	U	S	T	A	N
I	R	E	B	M	E	V	O	N	H	T	M
S	O	L	G	W	A	I	W	T	A	L	B
C	T	I	U	U	L	R	A	U	F	L	U
P	P	I	T	I	L	P	R	O	B	L	I
A	Z	I	C	L	R	C	O	I	L	C	L
N	P	Q	H	K	I	D	H	A	E	F	D
M	O	O	Z	S	G	H	P	A	G	D	I
G	L	S	J	O	H	S	B	O	O	G	N
J	I	E	A	O	T	Y	D	O	B	R	G
E	C	Z	K	N	I	S	T	R	I	C	T
T	E	N	I	I	L	A	N	A	N	A	B

POLICE
SOON
BUILDING
STRICT
FOOD
ALLRIGHT
BODY
NOVEMBER
PATH
BANANA
ALL
USUALLY
STICK
SHIP
MARRIED

23.

F	E	E	S	N	W	E	S	O	O	H	C
Y	C	A	C	N	M	U	M	I	X	A	M
Q	N	R	R	Q	N	U	I	N	I	O	C
T	I	T	A	U	P	A	F	S	E	E	G
B	R	P	T	M	L	U	N	A	R	R	T
E	P	R	C	L	P	I	W	T	A	U	W
U	H	Z	H	A	O	H	A	Y	N	P	B
O	C	O	C	C	D	I	N	N	U	I	S
N	N	K	R	S	N	O	E	I	R	L	F
S	R	Q	X	S	A	L	I	R	A	E	B
L	X	J	I	C	E	D	H	N	N	R	N
T	T	R	E	A	S	U	R	E	G	I	B

DOING
CHOOSE
TREASURE
PRINCE
CERTAIN
HORSE
PACK
GRAY
TUNNEL
BEAR
MAXIMUM
RAIN
SCRATCH
COINS
COIN

24.

S	P	B	J	X	W	S	I	C	G	S	W
U	U	O	G	A	R	C	G	D	K	A	M
W	T	G	O	L	U	O	W	U	F	L	I
A	J	I	G	L	U	U	I	O	R	E	F
W	U	L	D	E	A	Y	P	L	N	I	A
X	M	N	P	Y	S	L	Q	C	L	Q	F
H	I	A	N	G	A	T	R	E	S	A	N
O	X	U	N	N	W	S	S	H	R	R	B
O	G	Z	T	Y	P	W	O	M	O	O	S
A	K	C	I	T	S	C	E	H	N	M	B
J	E	L	I	G	A	R	F	E	P	N	M
D	S	I	M	P	L	E	I	T	A	E	S

PLANT
SIMPLE
POOL
HORN
TIDY
SEAT
STICK
CLOUD
MANY
FILES
FRAGILE
FARMER
SUGGEST
BONE
SALE

25.

L	T	H	I	P	S	S	P	N	Z	I	T
L	L	A	S	T	Q	M	U	M	L	Z	S
I	E	A	M	I	H	X	O	I	Z	B	I
T	M	U	J	O	N	M	R	B	K	C	T
S	M	L	L	N	T	A	G	R	A	W	R
C	Q	D	R	L	A	P	P	R	I	W	A
S	I	A	P	O	K	H	U	S	E	G	Q
O	B	G	O	M	E	N	T	I	O	N	S
I	S	A	L	R	I	G	H	T	S	F	U
E	S	E	G	A	P	Z	S	M	A	N	I
Y	D	I	T	N	U	Z	V	G	N	F	G
M	R	H	Y	I	A	R	E	P	P	O	C

UNTIDY
STILL
CAR
SPANISH
MENTION
ALRIGHT
COPPER
BARN
GROUP
PAGES
HOLD
MAN
MELT
ARTIST
TAKE

26.

V	T	M	R	Z	S	L	I	K	E	A	R
A	P	L	D	E	L	M	E	R	O	S	E
P	I	H	U	E	P	U	I	M	M	L	D
U	X	X	I	C	N	A	I	D	E	Q	R
L	O	G	K	D	I	T	P	Z	E	D	O
A	H	C	R	L	D	F	Y	S	T	D	G
F	H	L	U	I	N	E	F	A	W	O	Z
U	J	O	O	S	N	C	N	I	A	E	A
S	T	T	U	W	L	A	U	T	D	S	N
K	V	H	G	A	H	I	D	I	N	G	T
I	H	E	W	H	C	T	A	R	C	S	N
F	P	S	I	D	A	Y	L	I	G	H	T

DENT
MEET
NEWSPAPER
HIDDEN
SORE
SCRATCH
CLAW
GOAT
HIDING
GRIN
DAYLIGHT
DIFFICULT
LIKE
CLOTHES
ORDER

27.

```
G  N  I  K  N  I  R  D  S  F  N  G
V  F  S  P  E  A  C  M  C  O  M  Y
E  L  B  B  U  B  W  B  I  T  T  S
W  D  U  A  B  S  A  T  R  I  S  S
L  E  A  L  E  N  I  A  V  A  H  E
A  R  L  A  L  D  E  A  T  E  O  M
Y  H  R  F  A  H  R  S  L  E  W  A
I  C  G  R  O  G  E  L  G  S  I  L
H  R  T  H  O  G  S  D  O  W  N  M
V  A  G  D  G  O  I  O  U  R  G  O
W  F  I  U  U  R  T  L  C  N  V  S
J  H  S  O  B  E  D  I  U  G  I  T
```

FLEW
TRADITION
SEARCH
SHOWING
BRIDGE
DRINKING
MESSY
ALMOST
SUGGEST
OUR
GRAVITY
TOO
BUBBLE
HEART
GUIDE

28.

```
N  E  E  D  J  S  M  S  N  N  T  K
W  A  I  N  H  Q  M  R  I  C  Q  O
Z  S  T  W  Y  A  U  C  I  L  E  O
P  U  I  O  G  T  I  F  E  N  K  L
M  R  R  L  M  L  O  W  C  K  T  Y
T  A  E  C  U  L  Y  B  I  F  A  L
O  S  D  W  L  R  O  H  V  D  O  B
Z  B  E  O  O  T  S  F  R  E  C  T
R  L  W  H  T  T  F  Y  E  O  S  L
C  A  O  L  V  N  J  Y  S  X  L  I
S  C  E  I  L  R  I  G  E  I  N  U
H  K  K  O  O  E  N  D  H  H  I  L
```

HILL
CLOWN
BAKE
BOTTLE
NEED
TURN
LOOK
TOWER
GIRL
BLACK
TIRED
FOLLOW
SERVICE
SILKY
END

29.

V	Q	D	Q	D	S	L	R	Z	Y	S	F
T	A	D	I	Y	N	I	R	G	T	P	E
N	M	D	E	Z	I	S	F	I	I	A	E
E	W	U	R	F	W	J	P	O	L	M	B
D	O	D	E	Y	D	A	F	X	I	D	E
M	B	E	M	L	L	T	G	J	B	M	A
E	N	H	M	H	E	H	E	S	A	T	O
D	I	S	I	N	I	T	A	S	O	I	R
A	A	I	W	U	F	O	S	W	V	K	H
E	R	N	S	Y	A	Z	N	A	R	I	L
D	B	A	I	G	O	T	V	A	P	N	K
V	K	V	M	U	U	R	B	Q	W	U	I

PAST
VANISHED
SIZE
FIELD
OFTEN
BARK
RAINBOW
DENT
TOWN
DID
BEEF
ABILITY
DEAD
GRIN
SWIMMER

30.

A	D	S	J	H	A	I	O	H	W	I	S
O	Y	G	V	N	A	D	V	M	Z	N	I
P	X	E	H	I	A	U	U	E	E	A	T
S	M	X	L	U	A	Q	F	E	D	E	L
M	A	S	E	E	A	S	Z	H	E	A	Y
Y	E	K	F	D	V	E	L	W	L	E	N
D	R	D	H	O	R	E	S	U	S	A	E
A	D	C	M	O	C	O	N	S	I	T	E
L	P	A	D	I	E	U	P	Q	A	S	D
A	P	Y	S	T	O	N	S	K	I	H	O
S	M	U	O	S	N	Z	N	U	S	N	M
H	M	H	E	C	A	L	A	P	E	D	I

NOT
SWEET
KEY
SIT
ELEVEN
FOCUS
WHO
MAPS
SNEEZE
DROP
DREAM
MUSIC
YES
NEED
PALACE

31.

W	O	Y	S	F	S	D	H	Y	Q	G	W
L	U	E	D	A	R	C	T	A	S	S	I
I	M	V	N	B	E	U	I	E	I	A	C
F	D	R	I	D	B	M	I	U	R	K	E
E	L	E	W	J	M	X	A	T	P	M	I
M	I	S	L	L	U	F	E	T	A	R	G
U	O	E	C	H	L	Y	P	R	T	D	O
S	S	D	R	O	W	S	K	K	O	C	O
C	S	R	A	E	W	D	S	O	J	A	F
L	A	C	D	O	C	U	M	E	N	T	E
E	X	Z	C	Z	I	W	V	S	N	X	E
S	Y	H	R	O	I	M	P	R	E	S	S

LUMBER
FEES
EASY
FRUIT
DESERVE
WINDS
MARK
LIFE
DOCUMENT
MOOD
MUSCLES
IMPRESS
WEAR
GRATEFUL
WORDS

32.

M	D	W	I	O	T	Y	O	S	F	F	L
G	H	E	D	C	A	P	L	I	M	P	T
A	N	E	D	D	F	I	R	U	J	P	O
Y	F	I	A	W	U	E	Z	G	J	L	G
D	A	B	H	T	O	N	A	R	Z	E	R
Z	S	U	B	G	E	R	L	A	H	A	O
H	Q	A	U	M	U	D	C	P	O	S	F
Z	Y	R	A	U	N	A	J	E	W	E	S
O	C	F	P	Q	S	F	L	L	I	E	C
L	D	V	A	I	T	I	U	R	F	A	I
K	E	S	U	A	P	N	S	I	R	A	N
U	N	H	A	P	P	I	N	E	S	S	Q

JULY
LAUGHING
HEATED
GRAPE
PAUSE
UNHAPPINESS
LIE
FRUIT
JANUARY
CROWDED
FIRE
BUS
PLEASE
FORGOT
CAR

33.

T	S	E	R	C	S	H	O	U	L	D	T
A	X	G	O	M	M	K	Y	S	Y	M	E
Q	A	R	W	O	R	H	T	T	I	A	W
G	L	A	Y	K	B	U	B	B	L	E	A
U	E	T	C	H	O	V	S	O	A	U	E
R	R	E	N	E	M	O	W	D	T	S	L
U	Y	F	B	S	H	Q	B	O	N	M	R
K	E	U	E	O	S	T	M	E	S	I	G
U	Y	L	T	L	S	A	W	Z	T	M	W
C	I	G	I	N	T	A	I	R	D	O	Q
P	F	P	K	I	D	R	A	W	O	U	N
Z	Z	N	C	V	A	M	J	I	B	W	G

THROW
REST
GRATEFUL
WOMEN
DRAW
WINDS
SLIP
AUTOMATIC
BUY
RELAX
NOTEBOOK
PILES
WAIT
SHOULD
BUBBLE

34.

Y	F	K	L	F	C	V	S	R	V	W	M
M	L	Y	L	X	A	G	R	I	M	V	I
O	I	R	I	S	E	D	U	L	Q	Y	S
O	G	R	H	E	S	C	N	U	A	M	T
H	H	E	C	L	E	V	I	I	A	O	Y
B	T	B	L	E	V	H	P	V	W	V	G
U	S	P	B	E	L	H	B	R	R	Q	O
F	I	S	U	S	O	W	E	U	S	E	G
F	C	A	M	P	W	U	L	H	H	S	S
A	B	R	G	O	R	F	L	Q	P	I	B
L	R	R	I	T	E	N	I	B	M	O	C
O	U	N	I	I	F	I	L	E	S	S	J

SERVICE
MISTY
WIND
COMBINE
BELL
FILES
GOAL
SEE
WOLVES
BUFFALO
CHILL
FROG
FLIGHTS
RASPBERRY
CAMP

Word Search

35.

T	S	S	E	L	D	N	A	C	S	E	U
R	N	B	D	A	C	G	D	M	S	M	I
A	J	J	C	L	N	R	S	I	I	N	W
V	U	C	O	I	A	N	O	E	F	M	L
E	L	W	Z	U	E	U	V	O	G	O	W
L	N	A	G	L	Q	I	R	P	B	A	L
I	M	C	H	R	S	M	S	Y	S	U	P
A	O	T	U	I	A	E	D	T	M	Q	X
U	S	T	B	T	S	I	S	B	C	G	K
A	W	L	I	O	T	O	E	A	I	R	A
X	E	O	R	N	L	R	C	C	C	N	E
P	N	I	U	S	N	G	I	S	N	J	L

ROSES
CANDLES
UNTIDY
TURQUOISE
AMAZING
INFORMATION
GUARD
LUMBER
LEAK
TRAVEL
VISIBLE
PAGES
CLOWN
SIGNS
LOST

36.

F	T	D	J	G	P	S	X	S	Q	A	T
N	A	L	R	M	M	A	R	D	W	A	H
P	M	L	O	I	A	L	Y	A	O	T	T
H	R	O	U	I	C	T	R	C	R	Y	U
L	R	I	I	S	H	M	I	A	E	S	N
U	S	A	N	I	I	U	E	B	L	V	N
S	U	P	H	C	N	I	M	M	B	S	E
L	N	O	F	O	E	V	D	J	S	A	L
Q	D	E	L	O	H	R	S	E	N	W	R
S	A	R	O	X	F	O	R	G	E	T	E
B	Y	Q	O	M	I	K	C	Q	R	N	X
T	N	E	D	Q	I	S	Q	D	R	I	B

SUNDAY
DENT
COAT
FLOOD
FORGET
RABBIT
MACHINE
PRINCE
WARM
ROOM
HOLE
BIRD
EARTH
PAY
TUNNEL

42

37.

A	B	L	T	C	S	C	W	S	V	R	T
L	T	W	Q	S	A	B	A	A	M	H	N
V	Y	M	U	Y	L	Y	I	Q	P	B	D
Q	U	W	I	W	E	L	C	O	M	E	S
N	C	L	T	L	L	I	H	A	M	O	T
S	S	H	L	S	R	Y	P	A	M	Z	C
V	D	D	O	V	I	H	N	E	M	C	A
O	V	S	N	T	C	D	T	T	N	E	F
N	S	N	G	E	H	H	B	S	S	F	L
R	Z	A	H	O	I	J	I	O	W	O	R
W	I	I	X	N	L	R	L	S	N	R	I
T	D	A	G	Z	I	C	F	I	D	K	G

HILL
FACTS
CLOSE
WELCOME
FRIENDS
SAY
RICH
HOT
QUIT
SOMETHING
LOGS
PAW
GIRL
FORK
NAMED

38.

S	U	O	M	A	F	S	S	Z	A	L	Q
K	A	I	W	Y	S	S	E	M	K	A	O
Q	Q	T	O	I	M	E	L	B	O	R	P
M	S	U	R	X	O	B	U	H	D	L	M
R	U	D	R	W	T	E	T	R	A	I	N
A	C	E	Y	L	H	T	P	N	S	P	U
L	C	H	E	A	E	W	T	N	P	O	D
A	E	C	O	Q	R	E	E	S	I	A	O
O	S	U	H	H	Z	E	T	N	D	F	S
J	S	O	A	V	Q	N	Z	E	E	A	I
E	R	T	W	H	I	S	P	E	R	E	D
N	O	L	A	N	E	Q	V	D	J	I	O

FAMOUS
PROBLEM
TOUCHED
MESSY
BETWEEN
WORRY
ALARM
SUCCESS
WHISPERED
LANE
PLANT
MOTHER
SPIDER
NEED
TRAIN

43

39.

I	S	A	Q	J	D	Q	N	R	X	E	R
O	T	A	A	A	B	A	E	P	S	Y	N
M	N	S	H	T	I	B	V	E	C	I	B
N	E	R	M	M	M	Z	E	U	C	M	T
A	M	E	H	U	L	H	Z	E	L	S	A
M	E	G	L	D	C	X	T	L	A	M	P
O	V	N	S	T	N	A	H	P	E	L	E
W	O	I	L	R	E	L	E	V	A	R	T
N	M	S	I	S	D	G	N	I	Y	L	G
B	Z	R	P	A	D	Z	S	I	I	K	R
T	H	G	I	L	Y	A	D	U	N	B	O
T	L	T	A	L	F	I	P	I	S	Y	W

GROW
TRAVELER
FLAT
SINGERS
WOMAN
PAST
NICE
HAD
MOVEMENTS
SLIP
LYING
ELEPHANTS
DAYLIGHT
CHEESE
LUMBER

40.

E	C	U	D	E	R	C	O	S	P	C	Y
S	E	T	O	N	A	M	B	R	T	I	S
F	M	P	A	U	S	E	P	U	I	X	A
R	U	N	N	I	N	G	O	R	O	X	T
S	G	U	L	Y	T	H	I	R	K	A	U
I	N	E	K	A	T	G	L	O	N	Y	R
G	I	G	I	I	H	H	R	T	I	O	D
N	O	D	W	T	W	S	E	I	G	Q	A
E	G	E	G	A	L	F	W	N	H	S	Y
D	P	J	V	O	I	M	W	A	T	W	H
I	D	Y	W	N	A	M	G	J	Y	R	N
Y	T	C	K	Y	L	T	I	T	I	A	Z

PAUSE
SIGNED
GOAT
RUNNING
REDUCE
WAVY
EDGE
RIGHT
WITHOUT
JANITOR
KNIGHT
NOTES
GOING
KNIFE
SATURDAY

41.

P	S	S	X	F	G	N	I	N	N	U	R
M	I	M	A	J	C	V	Z	M	M	A	G
I	W	C	I	A	S	E	A	R	C	H	I
B	E	I	R	O	U	I	T	Q	Z	T	S
Y	E	D	T	C	L	M	T	D	A	J	J
I	D	S	L	C	T	S	I	M	E	H	C
J	T	I	T	J	H	L	Z	D	O	E	X
H	Y	S	T	A	H	C	S	K	R	A	D
Z	D	A	E	N	E	C	R	S	Y	O	N
Z	A	U	A	V	U	R	A	A	T	O	A
E	V	I	F	A	E	O	G	E	F	N	A
T	S	I	M	H	D	N	I	S	T	T	Z

BEST

SIT

DARK

SEARCH

UNTIDY

GREAT

FACE

CHEMIST

FIVE

MIST

WITCHCRAFT

SEVEN

RUNNING

TEACH

CARD

42.

Z	Y	Y	S	I	T	E	V	I	T	C	A
A	A	E	U	B	U	I	L	T	M	I	P
T	D	T	E	N	N	I	S	N	A	B	I
S	N	A	W	G	W	X	K	U	Y	O	D
N	U	C	Y	L	L	A	T	S	J	Y	
A	S	I	T	E	Y	I	S	T	E	L	F
H	B	N	I	X	S	U	E	R	L	B	F
N	O	U	L	C	R	U	I	S	G	O	U
Z	J	M	I	I	S	A	I	S	N	M	L
G	V	M	B	T	P	S	A	T	U	C	F
I	K	O	A	E	W	A	S	H	J	N	U
N	B	C	R	D	C	O	G	W	I	H	D

FLUFFY

ACTIVE

EXCITED

COMMUNICATE

BUILT

SUNDAY

LIE

ABILITY

JUNGLE

REPAIR

SUIT

SIT

RUSTY

TENNIS

WASH

How to solve KenKen:

KenKen is a logic puzzle which is solved with logic and mathematics. No guesswork is ever needed.

Here are the rules:

- Fill the entire grid with numbers without repeating a number in any row or in any column.
- For example, in a 4x4 grid, use numbers 1-4, a 6x6 grid uses numbers 1-6, a 9x9 grid uses numbers 1-9, etc.
- If you have a 6x6 grid, each row and each column needs to be filled with the numbers 1-6, without duplication.
- Each heavily outlined group of squares is called a "cage". The numbers inside each cage must combine to make the mathematical result shown for each cage. For example, if the target number shows "9x", the numbers within that cage must total 9 in any order, but by using multiplication (3x3, 9x1, etc). For a number that shows "9+", the numbers in that cage must also equal 9 in any order, but using addition (1+8, 6+3, 5+4, 2+7). For a cage that shows "2÷". The numbers in that cage must equal 2 in any order, but using division (6÷3, 4÷2, 2÷1, etc). For a number that shows "6x", the numbers in that cage must total 6 in any order, but using multiplication (2x3 or 1x6).
- A number can be repeated within a cage as long as it is not within the same row or the same column.
- To start, fill in the 1x1 (singular square cages) first. These are the starting numbers provided which require no calculation.

That's it. Enjoy!

1.

6+	1-	
	1-	
	4+	

2.

4+	5+	
		4+
3	2	

3.

7+	4+	
		1-
1	3	

4.

6+	5+	2
	1-	

5.

5+		2÷
3÷		
1	1-	

6.

3÷		2
1-	2÷	3÷

7.

6×	6+	
	6×	

8.

2÷		8+
3÷		
	2÷	

9.

2-		2-	
4	5+		1
5+		3-	
5+		1-	

10.

3	1-		4
3-	8+	1-	
		1-	3+
2			

11.

1-	1	1-	7+
	1-		
3+		3+	
	4		3

12.

7+		5+	6+
3+			
2-	2-		
	9+		

13.

1-		5+	
4+	2-	5+	
		5+	2-
4			

14.

9+			1
1-		1-	
5+	2-		1-
	2-		

15.

1-		7+	
3+	8+	1-	
			3
4		3+	

16.

7+		8+	
1-			1-
	1-		
2-		6+	

17.

8+			9+
3+		4	
4+	2-	1-	
			1

18.

2-	4+		6+
	3-	4	
2-		5+	
	2		4

19.

7+	1-		4
	6+	4+	4+
2-		2-	

20.

1-	1-		3
	3-	7+	
6+		1-	
			2

21.

4+	2-	3+	
			5+
2	10+		
3-		5+	

22.

5+		7+	3+
8+	1		
		2	7+
7+			

23.

5+	1-	8+	
		1-	
5+	3-		1-
		4	

24.

8+			1-
1-	1-	1-	
			7+
7+			

25.

1-	2÷	4÷	
		1-	3÷
2÷	12×		
		2÷	

26.

2÷		3÷	
3÷		4	8×
1-	2÷		
		5+	

27.

2÷	5+	5+	
			4÷
8+	2÷		
		6×	

28.

3÷	4	6×	
		4÷	
7+		4÷	
4	3÷		2

29.

1-	8×		1
		8+	
2÷	24×	1	
			4

30.

4÷	2	3	8×
	3÷		
12×		9+	
2÷			

31.

6×	2÷		4÷
		3	
2÷	3÷		6×
	4÷		

32.

2÷	7+	4÷	5+
12×	6×		4÷
	2÷		

33.

9+	1	3÷	2÷
2÷	2÷		3÷
	1-		

34.

6×		1-	2÷
1-			
	2÷		7+
2	4÷		

35.

4÷	9+		2÷
		3÷	
5+	8×		1-

36.

12×		2÷	3÷
2÷	4÷		
		6×	
3	2	4÷	

37.

6×			4
2÷	1-	3÷	
		1	9+
2÷			

38.

3÷	2	4÷	
	4	8+	
24×	2÷		
		4÷	

39.

12×		2÷	
2÷		1-	
	1-	2÷	
1		1-	

40.

6+	12×		
		8×	
1-	2÷		3÷
	2÷		

41.

3-		1-		3-
1-	2-	3+	3-	
				3-
1-	2-		5+	
	9+			3

42.

4-	1-		3-	
	3	2-	1-	
1-	6+		1-	
		3-		2-
2-		2-		

43.

1-		1-		5
2-		3-	2	6+
2-			2-	
11+				4+
3-		3-		

44.

4-	6+			1-
	1-	3-	4-	
4				2
1-	10+	3	5+	
			3-	

45.

1-	8+	9+		2-
		1-		
10+			5+	
	2	9+		1
7+			4-	

46.

3-		3-	2-	1
7+				7+
4+	6+	1-		
		5	11+	
6+		5+		

47.

4÷		2-		2
15×		2÷	4÷	
7+			3÷	
4	3÷		3-	
2÷		5	1-	

48.

1-	2÷	7+	7+	5÷
2÷	60×	1-		24×
		5÷	4÷	
5				

49.

10×			3	4÷
1-	1-		40×	
	3÷	6+		10×
11+				
			3÷	

50.

7+	5÷		4	6×
	20×	6×		
12×			9+	
	5+			20×
1		2÷		

51.

3-		4÷		6+
11+	2-			
		2÷	10×	
2÷	5÷		7+	
		1-		5

52.

6+		4÷		5
5÷		9+	9+	
	40×		5	
			6×	
3	20×		1	

53.

2-	2÷	1-	10+	
			2÷	
2÷	5÷	4÷	3	2-
3÷		20×		2

54.

3-	4÷	4÷	3	1-
			11+	
3÷	8+			
	1-	20×		5×
4		2		

55.

7+	1-		3-		12+	
	4-		12+	12+		7
13+	2-					8+
			14+		7+	
	23+		6			3-
2			3-	2-		
2-		5		12+		

56.

6-	4-		14+		1-	
	14+	3-			3	7+
3			2-		4-	
9+		2-	3-			2
3-			6-		4-	3-
6+	7+	7+	11+			
					2-	

57.

4-	1-		3-		6+	
	17+	15+	9+	17+		
				1-		8+
				1-		
1	13+	6+	2-		9+	
11+			4-		3-	
	2	11+		1	1-	

58.

3-	6+	11+		4-	4-	
			4		2-	8+
8+	14+		2-	4-		
					3-	2-
1-		3-	5+			
4+			4-		2-	
2-		6	5-		3-	

59.

3-	1-		2-		5-	10+
	11+		2	8+		
6+	12+	4	1-		12+	
		20+			7	
	16+		13+		3-	
						4-
	3	5-		10+		

60.

8+			2-	10+	9+	
3-		12+			9+	5-
2-			3			
	9+		5-			12+
8+	3	1-	4	7+	13+	
	11+					
		3-		7		4

61.

11+		2-	24+			7+		6+
2-		5-	16+		2-			
11+	27+			1-	18+	7-		
8+								10+
7-				1-	13+			
	6+	10+			6-		23+	
19+		28+			14+			
			23+			17+		1-
6	10+						4	

62.

3	4-	2-	1-		28+		2-	1-
7-			1-		1-			
	2-	5-		3-			15+	12+
8		6-	2-		4	2-		
3-				8+				
1-	2-	18+		7		9+		1-
				4-		12+	5-	
1-		7-	12+					5
9+			24+				10+	

63.

20+	2-		7-	26+	7-			1-
	17+	18+				16+		
				19+			6-	24+
		18+	6		2-			
5-			12+			9+		
		3-		9+	10+			14+
18+			16+		3-			
5-				9		12+	21+	
22+								

64.

8-	1-		3-	6-		4+		5
	2-	3		1-		24+		6+
22+		4-		12+				
	3-		10+		8-		3-	
	9+		5	2-		3-	21+	
		16+			4			
10+				2-		11+	19+	
5	18+	16+	3-		12+			
				4			4-	

65.

26+	26+	2-		2	4-	4-	6-	
		7	4-				4-	1-
		5-	3-		4-	2		
			3-			3-		8
		5-		13+	4-	18+		12+
4-	14+							
	1-		24+			1	1-	1-
7+	16+		1-					
	1-		7-		16+		1-	

66.

2-	4-	3-		9+	21+		8+	3-
		6-						
2-		20+			23+			
6+		13+	1		6	7-	12+	
9			1-	1-			2-	
1-		4		3-	17+	22+		
3-		3-	6			12+	16+	
16+	3		7+					
			16+			3		4

1.

Start

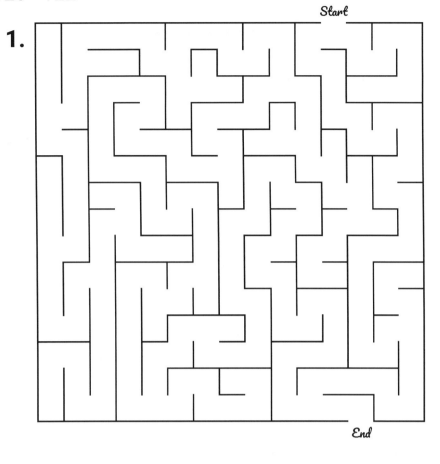

End

2.

Start

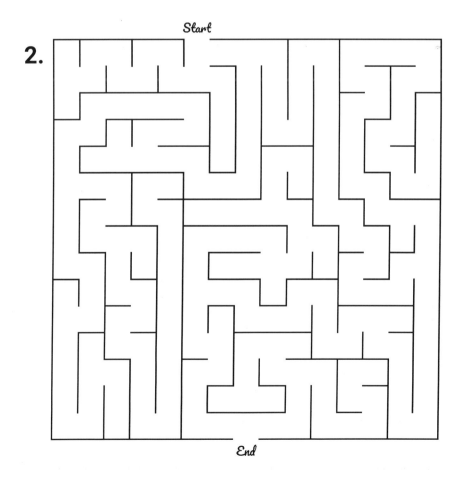

End

Maze

3.

Start

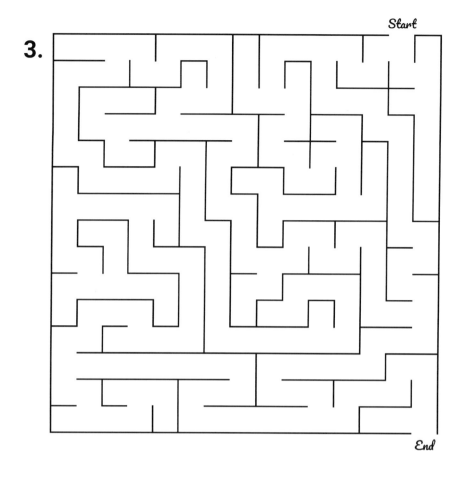

End

4.

Start

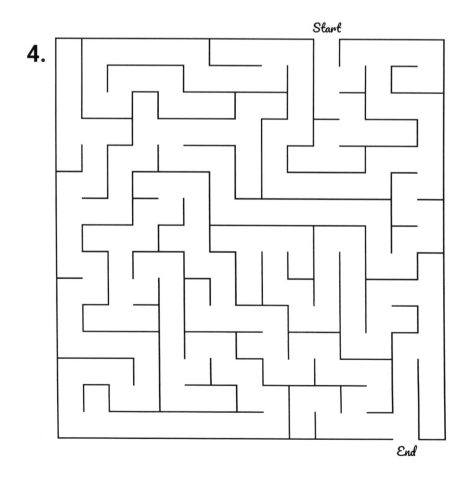

End

72

5.

Start

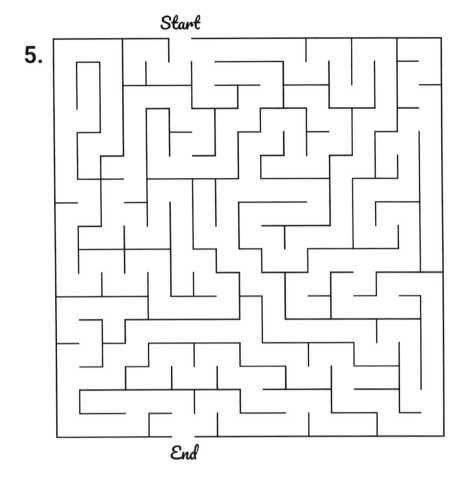

End

6.

Start

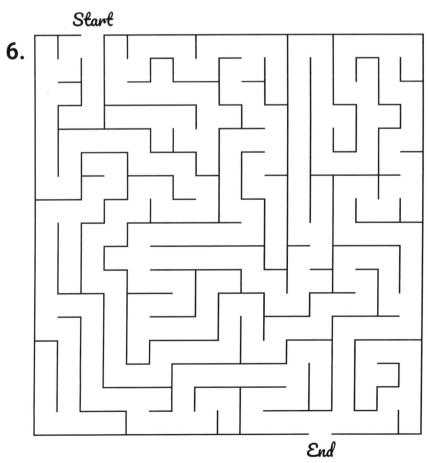

End

Maze

7.

Start

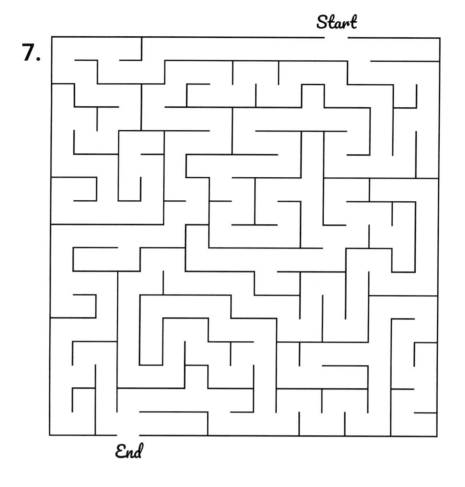

End

8.

Start

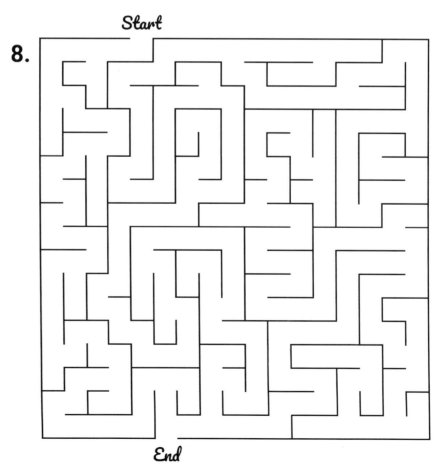

End

9.

Start

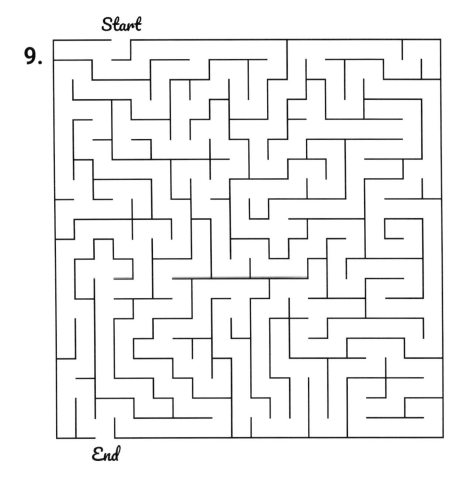

End

10.

Start

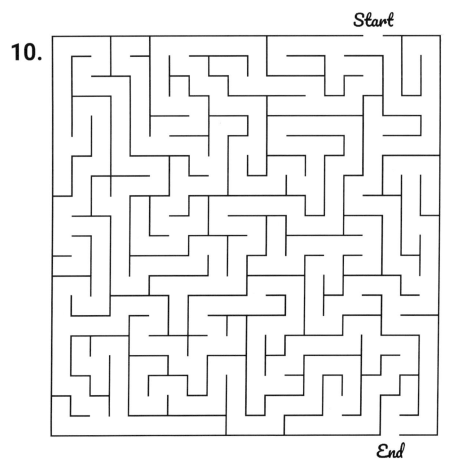

End

Maze

11.

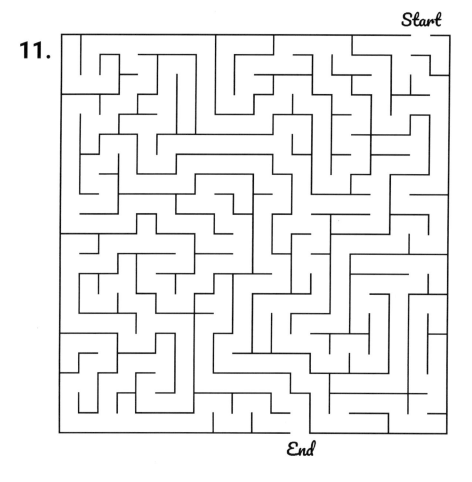

End

12.

Start

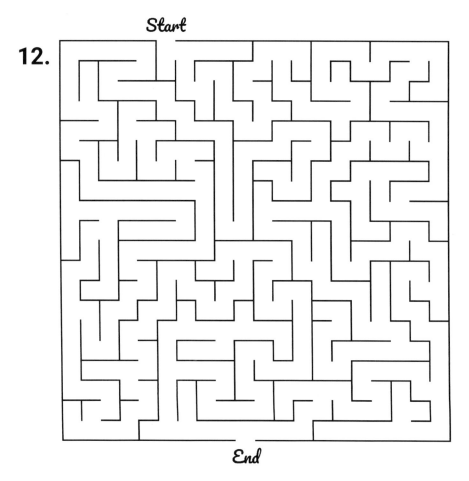

End

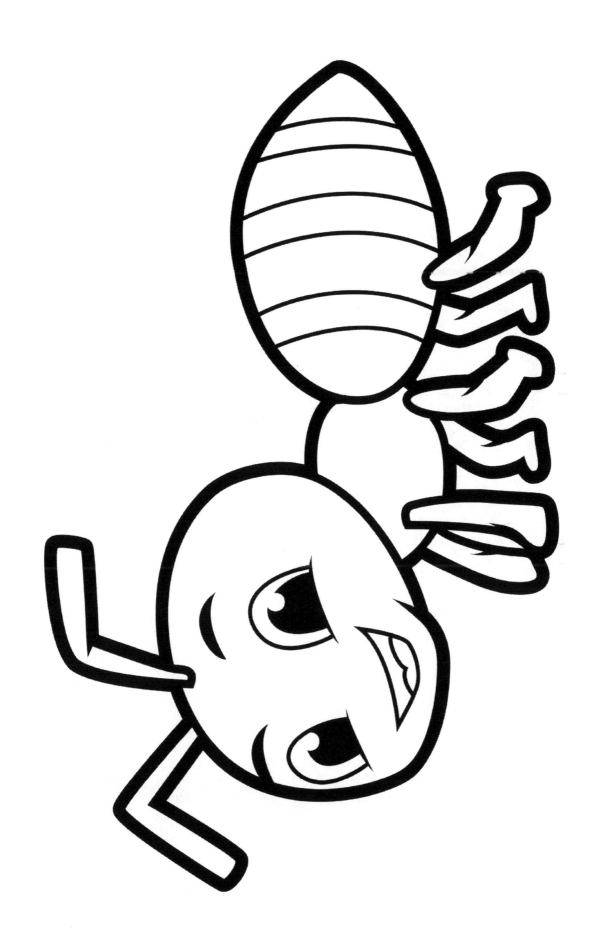

84

88

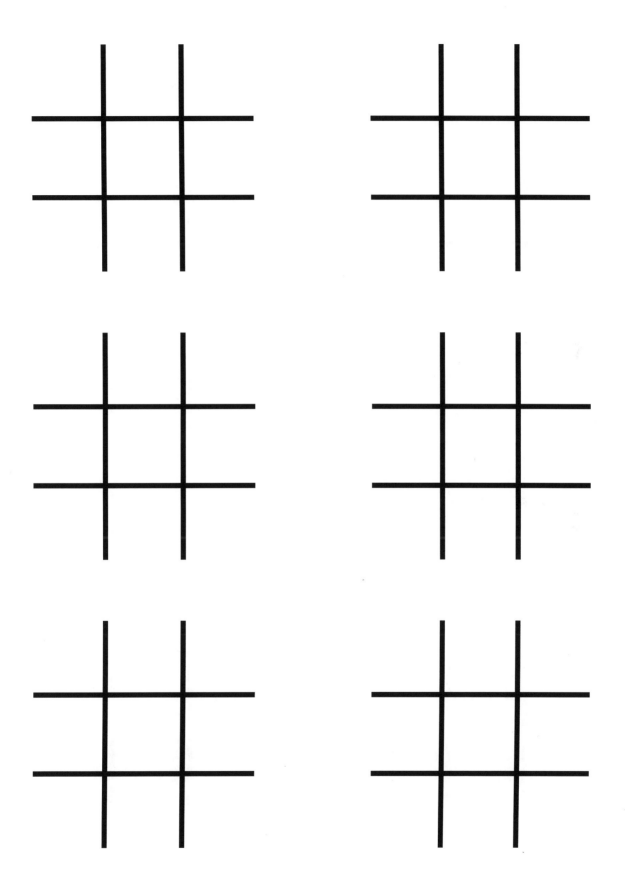

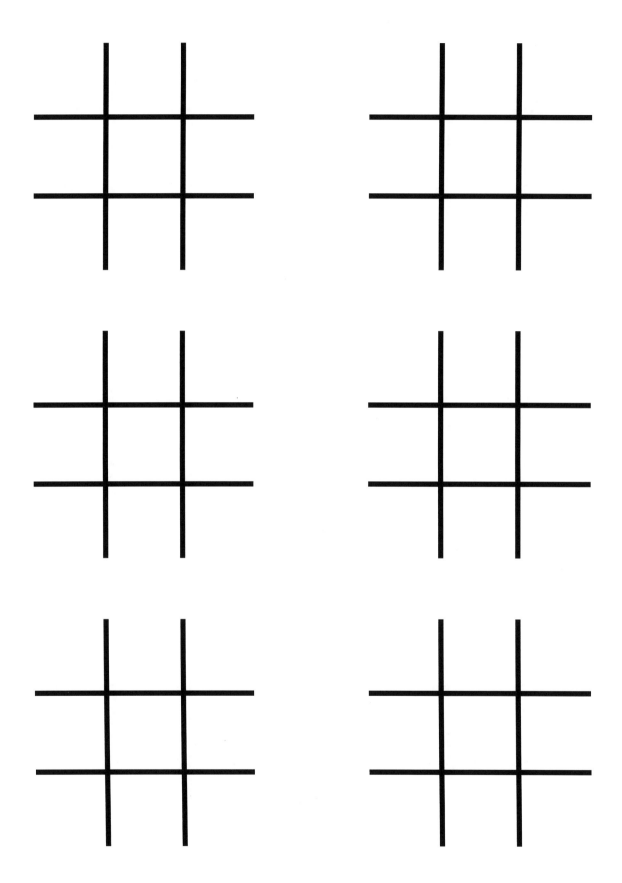

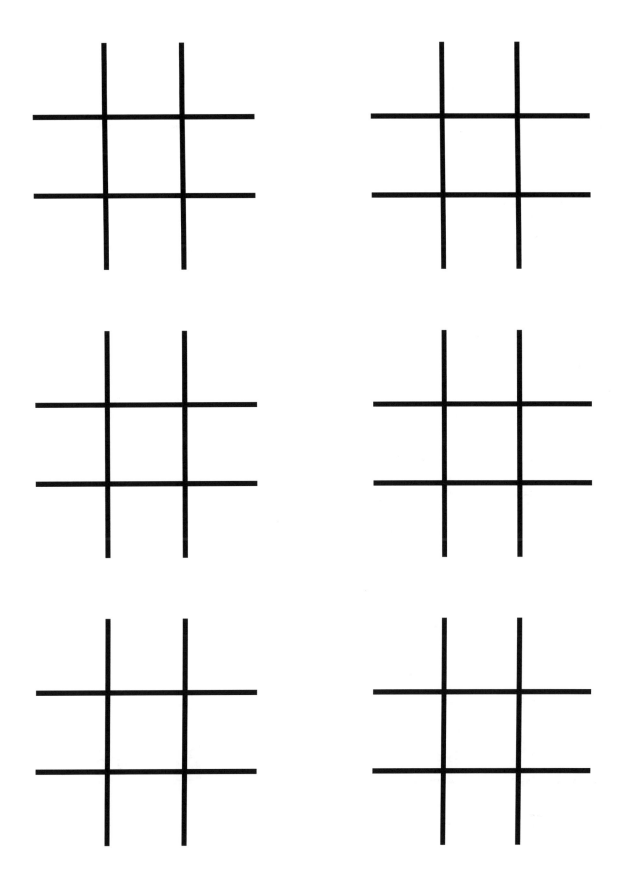

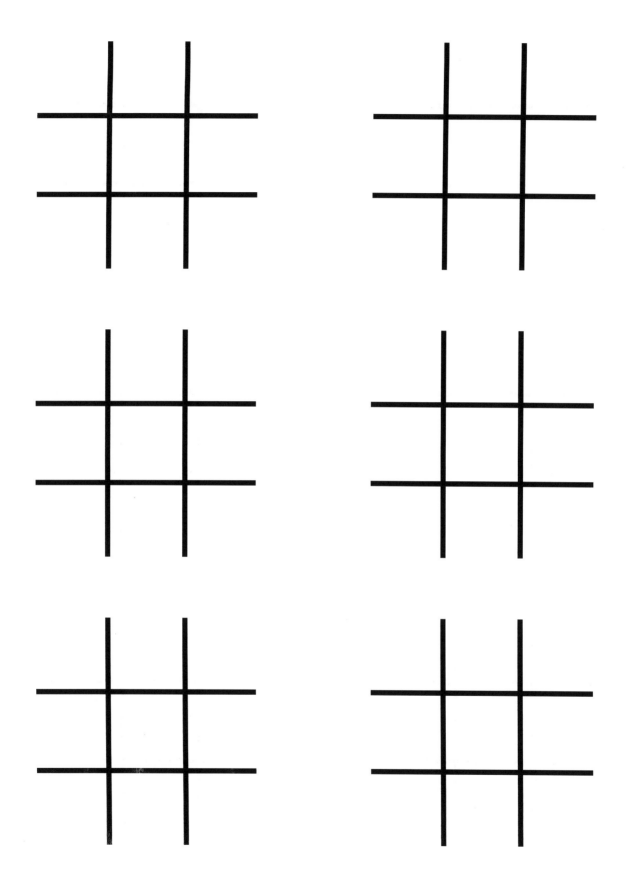

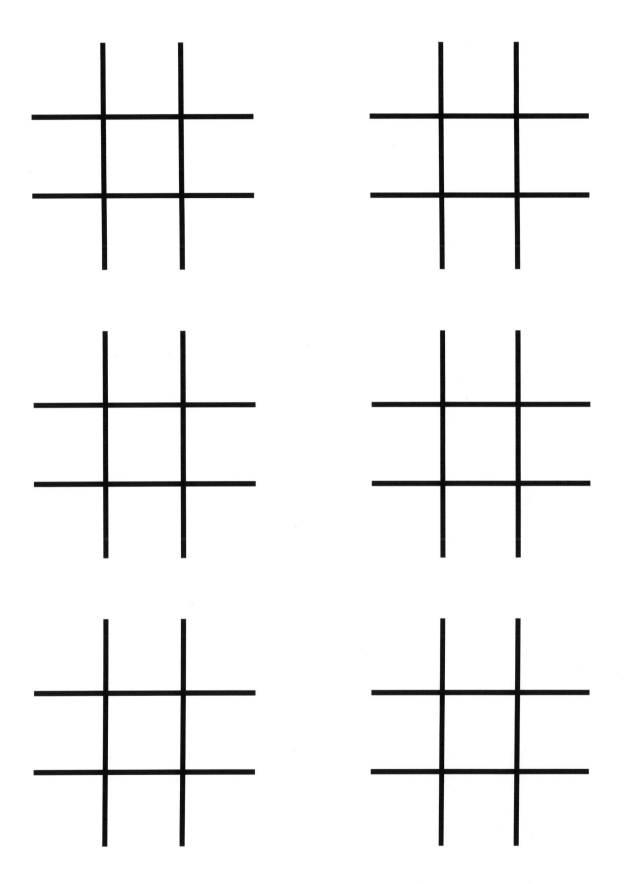

Solutions

1.

4	5	9	6	8	3	2	1	7
8	7	2	1	4	9	6	5	3
3	6	1	5	7	2	4	9	8
2	4	7	9	1	8	3	6	5
1	9	6	2	3	5	8	7	4
5	8	3	4	6	7	1	2	9
9	1	5	8	2	4	7	3	6
6	3	4	7	5	1	9	8	2
7	2	8	3	9	6	5	4	1

2.

5	2	7	3	4	8	6	9	1
9	4	1	5	2	6	3	8	7
6	3	8	9	7	1	4	2	5
4	1	9	6	3	5	8	7	2
7	6	3	8	9	2	5	1	4
8	5	2	7	1	4	9	3	6
3	9	5	1	6	7	2	4	8
2	7	6	4	8	9	1	5	3
1	8	4	2	5	3	7	6	9

3.

4	1	3	8	7	6	5	9	2
6	5	2	3	9	4	7	8	1
9	7	8	2	1	5	4	3	6
8	6	1	7	3	2	9	4	5
3	2	5	4	8	9	1	6	7
7	4	9	6	5	1	3	2	8
1	8	6	9	4	7	2	5	3
5	3	4	1	2	8	6	7	9
2	9	7	5	6	3	8	1	4

4.

6	2	4	1	7	8	5	3	9
3	7	9	5	4	2	8	6	1
5	8	1	3	9	6	4	2	7
8	5	7	6	2	9	1	4	3
2	4	6	7	3	1	9	8	5
9	1	3	4	8	5	2	7	6
4	3	8	9	5	7	6	1	2
1	9	2	8	6	3	7	5	4
7	6	5	2	1	4	3	9	8

5.

5	4	8	3	2	9	7	1	6
3	7	1	8	4	6	2	5	9
2	9	6	5	1	7	3	8	4
7	2	9	4	8	3	5	6	1
8	1	5	6	9	2	4	7	3
4	6	3	7	5	1	8	9	2
6	5	7	1	3	4	9	2	8
1	3	2	9	7	8	6	4	5
9	8	4	2	6	5	1	3	7

6.

6	9	4	7	8	2	3	1	5
1	3	8	6	5	4	7	9	2
2	7	5	1	3	9	8	6	4
3	8	7	4	9	1	5	2	6
5	4	2	8	7	6	9	3	1
9	1	6	3	2	5	4	8	7
8	2	1	9	4	7	6	5	3
4	5	9	2	6	3	1	7	8
7	6	3	5	1	8	2	4	9

7.

5	4	8	1	9	3	7	2	6
7	9	6	2	4	5	1	8	3
3	2	1	8	7	6	9	5	4
8	3	2	9	6	1	4	7	5
1	7	9	3	5	4	8	6	2
6	5	4	7	8	2	3	9	1
9	6	3	4	2	7	5	1	8
4	8	5	6	1	9	2	3	7
2	1	7	5	3	8	6	4	9

8.

7	6	9	3	4	5	2	8	1
5	8	3	2	9	1	7	6	4
1	2	4	7	8	6	5	3	9
6	9	5	8	2	3	4	1	7
3	1	8	5	7	4	9	2	6
2	4	7	1	6	9	3	5	8
9	3	2	6	1	7	8	4	5
4	5	6	9	3	8	1	7	2
8	7	1	4	5	2	6	9	3

9.

1	3	8	6	2	9	7	5	4
5	9	4	7	3	8	2	6	1
6	2	7	1	5	4	9	3	8
7	1	6	8	9	2	5	4	3
4	5	9	3	7	6	8	1	2
2	8	3	4	1	5	6	9	7
3	4	2	9	6	7	1	8	5
9	7	1	5	8	3	4	2	6
8	6	5	2	4	1	3	7	9

10.

1	3	8	5	6	9	4	2	7
6	5	7	8	2	4	3	9	1
4	9	2	7	1	3	6	5	8
3	7	5	4	9	8	1	6	2
2	6	4	3	5	1	8	7	9
8	1	9	2	7	6	5	3	4
9	4	3	6	8	7	2	1	5
7	2	6	1	4	5	9	8	3
5	8	1	9	3	2	7	4	6

11.

8	1	5	3	4	6	7	2	9
4	9	3	7	8	2	6	5	1
2	6	7	9	5	1	3	4	8
6	7	9	4	2	8	5	1	3
3	5	2	1	6	9	8	7	4
1	8	4	5	7	3	9	6	2
9	2	1	6	3	7	4	8	5
7	4	8	2	9	5	1	3	6
5	3	6	8	1	4	2	9	7

12.

5	4	9	3	1	7	8	2	6
8	7	2	6	5	9	3	1	4
1	3	6	2	4	8	9	7	5
9	1	5	7	8	4	6	3	2
6	8	3	1	9	2	4	5	7
4	2	7	5	6	3	1	8	9
3	5	1	4	2	6	7	9	8
2	9	4	8	7	1	5	6	3
7	6	8	9	3	5	2	4	1

13.

1	6	5	8	9	7	4	2	3
2	7	3	6	5	4	1	8	9
9	4	8	2	1	3	5	6	7
4	2	1	3	6	9	8	7	5
8	9	6	7	4	5	2	3	1
3	5	7	1	2	8	6	9	4
5	8	4	9	3	2	7	1	6
7	1	9	5	8	6	3	4	2
6	3	2	4	7	1	9	5	8

14.

9	5	8	3	1	6	2	7	4
3	1	4	8	7	2	6	9	5
7	6	2	9	5	4	3	1	8
8	7	1	6	4	5	9	3	2
5	9	3	2	8	1	7	4	6
4	2	6	7	9	3	8	5	1
1	3	9	4	2	8	5	6	7
2	4	7	5	6	9	1	8	3
6	8	5	1	3	7	4	2	9

15.

8	1	5	3	9	6	2	4	7
2	6	4	7	5	8	1	9	3
9	3	7	1	2	4	8	6	5
4	5	2	9	6	7	3	8	1
1	7	6	2	8	3	9	5	4
3	9	8	4	1	5	7	2	6
5	2	3	6	7	9	4	1	8
7	8	9	5	4	1	6	3	2
6	4	1	8	3	2	5	7	9

Sudoku

16.

9	3	1	4	5	8	7	6	2
4	2	6	7	3	1	9	8	5
7	8	5	9	6	2	4	3	1
1	9	2	3	8	4	5	7	6
3	7	4	6	1	5	2	9	8
5	6	8	2	7	9	1	4	3
8	4	7	5	2	6	3	1	9
2	1	3	8	9	7	6	5	4
6	5	9	1	4	3	8	2	7

17.

5	7	9	1	8	2	4	6	3
6	4	1	7	5	3	2	9	8
3	2	8	6	9	4	1	7	5
2	1	7	5	3	8	9	4	6
4	8	6	9	1	7	5	3	2
9	5	3	4	2	6	7	8	1
1	3	2	8	7	9	6	5	4
8	9	4	2	6	5	3	1	7
7	6	5	3	4	1	8	2	9

18.

3	4	6	8	2	9	7	1	5
9	2	5	1	3	7	8	6	4
1	8	7	6	5	4	3	2	9
7	9	4	3	1	2	6	5	8
5	1	2	9	8	6	4	7	3
6	3	8	4	7	5	1	9	2
4	6	1	5	9	8	2	3	7
8	7	9	2	6	3	5	4	1
2	5	3	7	4	1	9	8	6

19.

6	1	9	5	7	2	8	3	4
8	4	2	6	1	3	5	9	7
7	5	3	4	9	8	2	1	6
3	2	6	9	4	1	7	8	5
5	7	8	3	2	6	9	4	1
1	9	4	7	8	5	3	6	2
2	3	7	1	6	9	4	5	8
4	6	5	8	3	7	1	2	9
9	8	1	2	5	4	6	7	3

20.

8	1	7	9	5	2	3	4	6
2	9	5	3	4	6	1	7	8
6	4	3	1	7	8	2	5	9
3	5	1	6	8	9	4	2	7
9	6	2	4	3	7	5	8	1
7	8	4	5	2	1	6	9	3
1	3	8	2	9	4	7	6	5
4	7	6	8	1	5	9	3	2
5	2	9	7	6	3	8	1	4

21.

4	2	8	5	3	6	9	7	1
7	6	9	2	8	1	5	3	4
5	1	3	4	7	9	6	8	2
6	3	5	8	1	4	2	9	7
1	4	2	7	9	3	8	5	6
9	8	7	6	2	5	4	1	3
8	9	4	1	6	7	3	2	5
3	7	6	9	5	2	1	4	8
2	5	1	3	4	8	7	6	9

22.

2	6	9	7	3	8	4	5	1
5	3	4	2	6	1	8	9	7
7	1	8	4	9	5	6	3	2
6	4	1	3	7	2	5	8	9
3	5	2	9	8	4	7	1	6
9	8	7	1	5	6	3	2	4
1	7	6	8	2	3	9	4	5
4	9	3	5	1	7	2	6	8
8	2	5	6	4	9	1	7	3

23.

9	2	4	6	8	3	7	1	5
1	5	7	2	9	4	8	3	6
6	8	3	7	1	5	4	9	2
8	1	2	4	6	9	3	5	7
7	9	6	3	5	2	1	4	8
3	4	5	1	7	8	2	6	9
5	7	9	8	3	1	6	2	4
4	3	8	5	2	6	9	7	1
2	6	1	9	4	7	5	8	3

24.

3	7	4	1	9	8	2	6	5
6	8	9	5	7	2	4	3	1
5	1	2	6	3	4	8	9	7
1	3	7	4	2	9	6	5	8
8	2	5	3	6	1	9	7	4
4	9	6	8	5	7	1	2	3
7	6	8	2	4	3	5	1	9
9	5	1	7	8	6	3	4	2
2	4	3	9	1	5	7	8	6

25.

4	8	6	3	1	2	7	9	5
1	5	3	4	7	9	2	8	6
7	2	9	8	5	6	4	1	3
8	3	4	9	6	1	5	2	7
5	6	7	2	4	8	1	3	9
9	1	2	5	3	7	6	4	8
2	4	8	7	9	5	3	6	1
6	9	5	1	2	3	8	7	4
3	7	1	6	8	4	9	5	2

26.

3	4	1	8	9	7	6	2	5
9	6	7	1	5	2	4	3	8
2	8	5	6	3	4	1	7	9
7	2	3	4	6	9	5	8	1
4	5	6	3	1	8	7	9	2
1	9	8	7	2	5	3	6	4
6	1	2	5	8	3	9	4	7
8	3	4	9	7	1	2	5	6
5	7	9	2	4	6	8	1	3

27.

1	2	5	6	7	3	8	9	4
6	4	8	1	5	9	7	2	3
9	3	7	2	8	4	5	1	6
8	1	6	5	9	2	4	3	7
2	5	4	3	1	7	6	8	9
3	7	9	8	4	6	2	5	1
4	9	3	7	2	5	1	6	8
7	8	2	9	6	1	3	4	5
5	6	1	4	3	8	9	7	2

28.

7	5	9	6	4	2	8	1	3
1	8	3	7	9	5	2	6	4
4	2	6	3	1	8	7	9	5
8	3	5	9	2	4	6	7	1
2	6	4	5	7	1	3	8	9
9	1	7	8	6	3	5	4	2
3	4	2	1	8	7	9	5	6
6	7	1	2	5	9	4	3	8
5	9	8	4	3	6	1	2	7

29.

6	9	2	8	5	7	4	1	3
1	5	4	6	2	3	7	9	8
7	8	3	1	9	4	5	2	6
9	3	1	7	4	8	2	6	5
2	6	5	9	3	1	8	4	7
4	7	8	5	6	2	9	3	1
8	2	7	4	1	6	3	5	9
3	1	9	2	7	5	6	8	4
5	4	6	3	8	9	1	7	2

30.

7	1	6	3	4	8	9	5	2
2	9	3	7	6	5	4	8	1
8	4	5	1	2	9	7	6	3
4	3	1	2	9	6	8	7	5
5	6	2	8	1	7	3	4	9
9	7	8	5	3	4	1	2	6
1	5	4	9	7	2	6	3	8
6	8	9	4	5	3	2	1	7
3	2	7	6	8	1	5	9	4

31.

8	6	2	7	1	9	4	3	5
1	9	4	6	5	3	8	2	7
5	3	7	8	2	4	6	9	1
3	2	5	4	6	1	9	7	8
6	7	9	2	8	5	1	4	3
4	8	1	3	9	7	5	6	2
7	5	6	1	4	2	3	8	9
2	1	8	9	3	6	7	5	4
9	4	3	5	7	8	2	1	6

32.

3	2	8	9	1	6	7	4	5
9	4	1	3	7	5	6	8	2
6	7	5	8	2	4	9	1	3
5	9	2	1	4	3	8	7	6
4	8	3	5	6	7	1	2	9
1	6	7	2	8	9	3	5	4
2	3	4	7	9	8	5	6	1
8	1	9	6	5	2	4	3	7
7	5	6	4	3	1	2	9	8

33.

5	8	2	6	1	7	4	9	3
4	9	7	2	8	3	6	5	1
6	3	1	9	4	5	8	7	2
7	5	3	1	9	4	2	8	6
9	6	8	7	3	2	5	1	4
2	1	4	5	6	8	9	3	7
8	7	5	3	2	6	1	4	9
3	2	9	4	5	1	7	6	8
1	4	6	8	7	9	3	2	5

34.

9	3	7	2	1	6	5	8	4
8	2	1	9	4	5	3	6	7
5	6	4	7	8	3	1	9	2
4	1	3	6	9	7	8	2	5
2	8	9	1	5	4	6	7	3
7	5	6	8	3	2	9	4	1
3	7	8	5	2	9	4	1	6
6	9	5	4	7	1	2	3	8
1	4	2	3	6	8	7	5	9

35.

6	7	9	5	1	4	3	2	8
8	1	5	3	2	9	6	4	7
3	4	2	7	8	6	1	5	9
7	3	6	8	4	1	5	9	2
1	2	4	6	9	5	7	8	3
5	9	8	2	3	7	4	6	1
4	6	3	9	7	8	2	1	5
9	5	7	1	6	2	8	3	4
2	8	1	4	5	3	9	7	6

36.

5	6	9	2	8	7	3	1	4
7	8	4	3	1	9	6	5	2
1	2	3	6	5	4	8	7	9
9	5	6	1	7	8	4	2	3
3	4	1	5	6	2	7	9	8
8	7	2	9	4	3	5	6	1
4	9	5	8	2	6	1	3	7
6	3	7	4	9	1	2	8	5
2	1	8	7	3	5	9	4	6

37.

1	8	7	3	2	4	5	6	9
6	4	9	1	5	7	2	8	3
5	3	2	6	8	9	7	1	4
4	1	8	2	7	3	6	9	5
2	7	3	5	9	6	1	4	8
9	5	6	4	1	8	3	7	2
3	6	1	8	4	5	9	2	7
7	2	4	9	3	1	8	5	6
8	9	5	7	6	2	4	3	1

38.

1	8	9	3	2	7	5	4	6
5	6	2	1	4	8	7	9	3
7	4	3	5	9	6	1	8	2
2	1	4	9	6	5	3	7	8
8	5	7	4	1	3	2	6	9
9	3	6	8	7	2	4	5	1
6	7	8	2	5	1	9	3	4
4	2	5	6	3	9	8	1	7
3	9	1	7	8	4	6	2	5

39.

1	5	4	8	3	7	6	2	9
7	6	3	4	2	9	8	1	5
2	9	8	6	5	1	3	4	7
6	8	1	2	4	5	7	9	3
5	4	7	3	9	6	1	8	2
3	2	9	1	7	8	5	6	4
9	3	6	5	8	4	2	7	1
8	7	2	9	1	3	4	5	6
4	1	5	7	6	2	9	3	8

40.

8	1	9	5	4	2	7	6	3
6	3	2	8	9	7	4	1	5
4	5	7	6	3	1	2	9	8
5	4	1	2	7	9	8	3	6
9	2	8	4	6	3	1	5	7
3	7	6	1	8	5	9	2	4
2	6	4	3	1	8	5	7	9
1	9	3	7	5	4	6	8	2
7	8	5	9	2	6	3	4	1

41.

2	3	8	6	7	5	4	9	1
7	1	6	4	2	9	8	3	5
5	9	4	1	3	8	6	2	7
6	4	3	9	8	1	7	5	2
8	2	7	3	5	4	9	1	6
9	5	1	7	6	2	3	4	8
3	7	2	5	4	6	1	8	9
4	8	9	2	1	7	5	6	3
1	6	5	8	9	3	2	7	4

42.

3	2	6	8	7	9	5	1	4
5	9	1	4	3	2	7	8	6
4	8	7	6	1	5	2	3	9
8	1	9	7	4	3	6	5	2
2	6	5	1	9	8	4	7	3
7	3	4	2	5	6	1	9	8
1	7	3	9	2	4	8	6	5
9	4	8	5	6	1	3	2	7
6	5	2	3	8	7	9	4	1

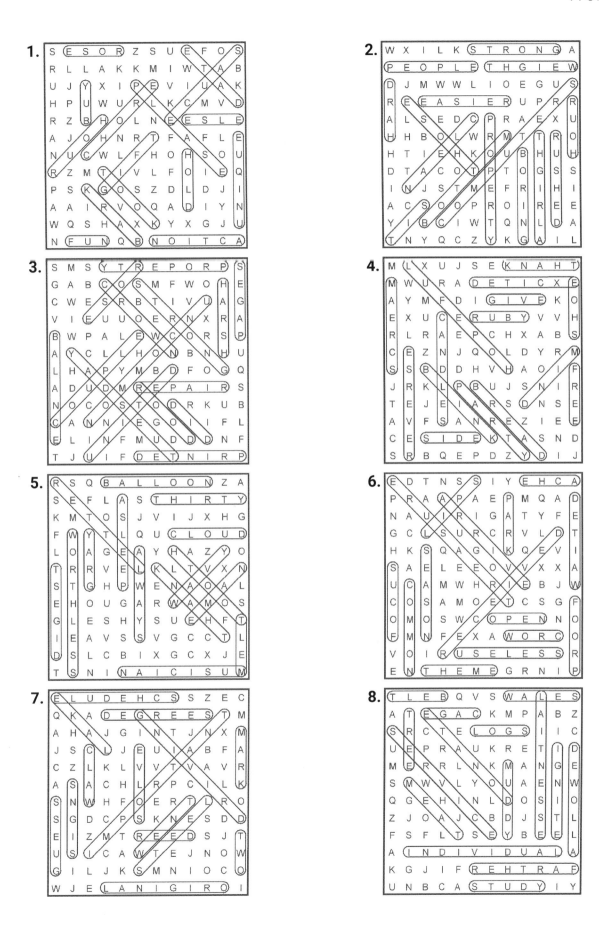

Word Search

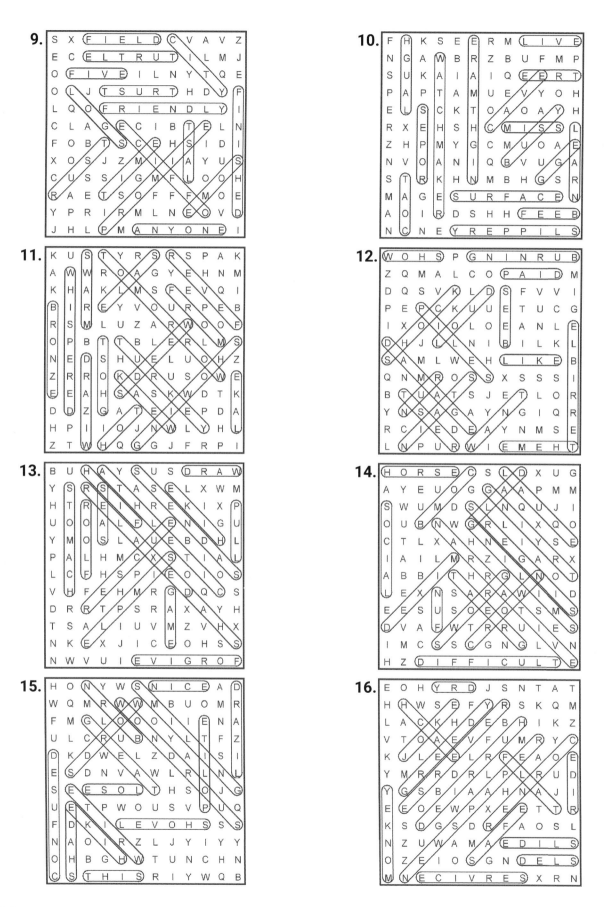

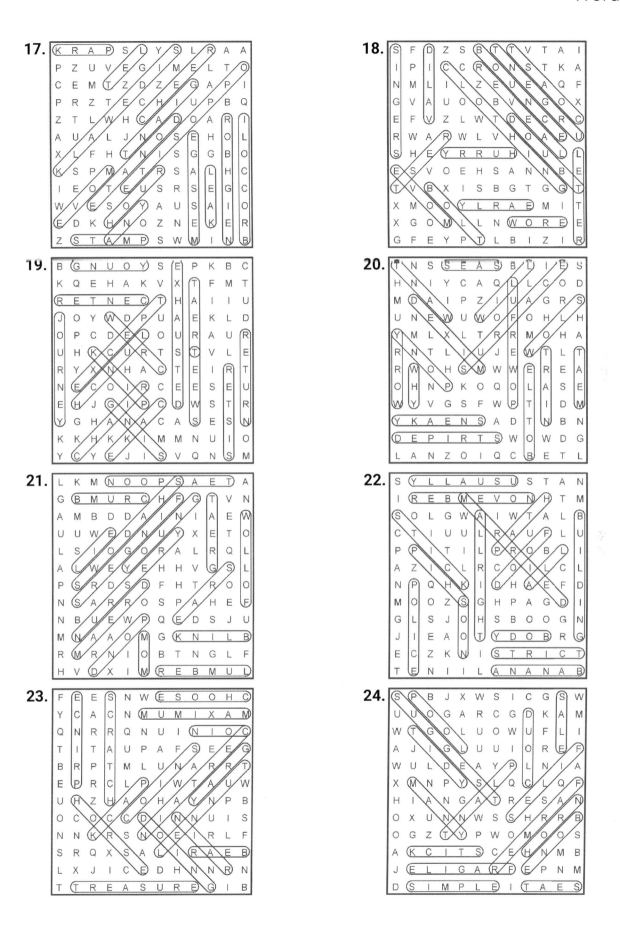

Word Search

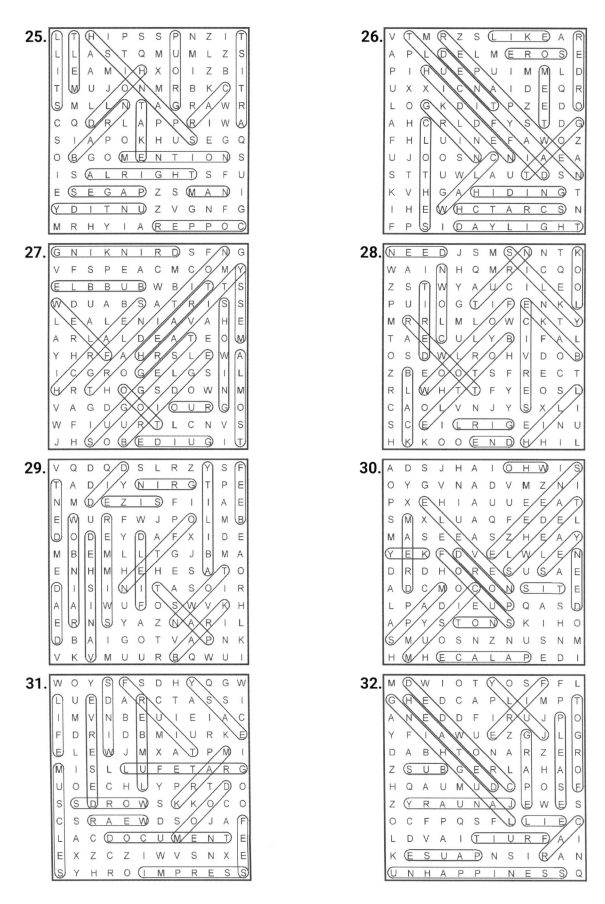

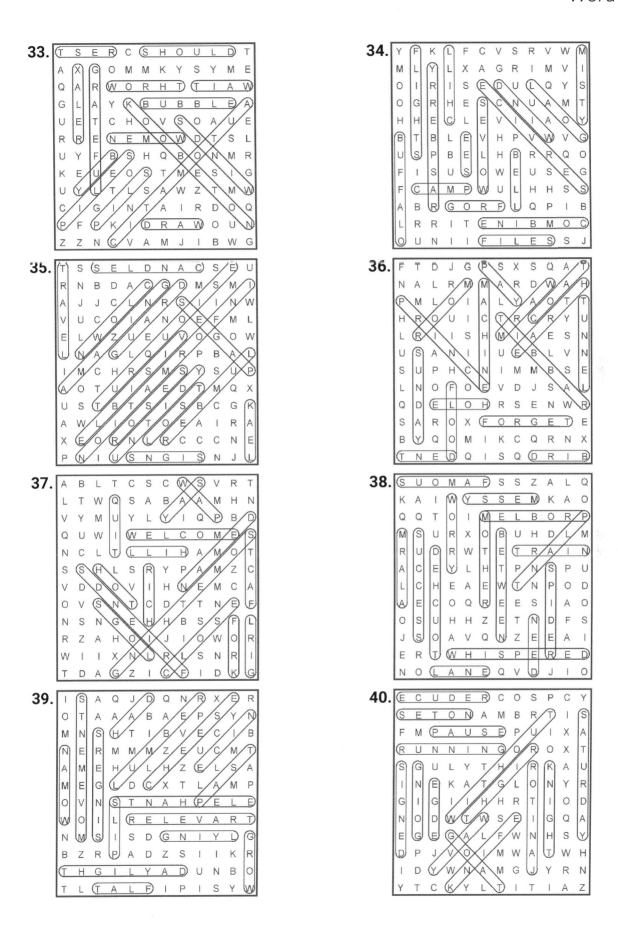

33.

T	S	E	R	C	S	H	O	U	L	D	T
A	X	G	O	M	M	K	Y	S	Y	M	E
Q	A	R	W	O	R	H	T	T	I	A	W
G	L	A	Y	K	B	U	B	B	L	E	A
U	E	T	C	H	O	V	S	O	A	U	E
R	R	E	N	E	M	O	W	D	T	S	L
U	Y	F	B	S	H	Q	B	O	N	M	R
K	E	U	E	O	S	T	M	E	S	I	G
U	Y	L	T	L	S	A	W	Z	T	M	W
C	I	G	I	N	T	A	I	R	D	O	Q
P	F	P	K	I	D	R	A	W	O	U	N
Z	Z	N	C	V	A	M	J	I	B	W	G

34.

Y	F	K	L	F	C	V	S	R	V	W	M
M	L	Y	L	X	A	G	R	I	M	V	I
O	I	R	I	S	E	D	U	L	Q	Y	S
O	H	H	E	S	C	N	U	A	M	T	T
H	H	E	C	L	E	V	I	I	A	O	Y
B	T	B	L	E	V	H	P	V	W	V	G
U	S	P	B	E	L	H	B	R	R	Q	O
F	I	S	U	S	O	W	E	U	S	E	G
F	A	C	A	M	P	W	U	L	H	S	S
A	B	R	G	O	R	F	L	Q	P	I	B
L	R	R	I	T	E	N	I	B	M	O	C
O	U	N	I	I	F	I	L	E	S	S	J

35.

T	S	S	E	L	D	N	A	C	S	E	U
R	N	B	D	A	C	G	D	M	S	M	I
A	J	J	C	L	N	R	S	I	I	N	W
V	U	C	O	I	A	N	O	E	F	M	L
E	L	W	Z	U	E	U	V	O	G	O	W
L	N	A	G	L	Q	I	R	P	B	A	L
I	M	C	H	R	S	M	S	Y	S	U	P
A	O	T	U	I	A	E	D	T	M	Q	X
U	S	B	T	S	I	S	B	C	G	K	K
A	W	L	I	O	T	O	E	A	I	R	A
X	E	O	R	N	L	R	C	C	N	E	E
P	N	I	U	S	N	G	I	S	N	J	L

36.

F	T	D	J	G	B	S	X	S	Q	A	T
N	A	L	R	M	M	A	R	D	W	A	H
P	M	L	O	I	A	L	Y	A	O	T	T
H	R	O	U	I	C	T	R	C	R	Y	U
L	R	I	I	S	H	M	I	A	E	S	N
U	S	A	N	I	I	U	E	B	L	V	N
S	U	P	H	C	N	I	M	M	B	S	E
L	N	O	F	O	E	V	D	J	S	A	L
Q	D	E	L	O	H	R	S	E	N	W	R
S	A	R	O	X	F	O	R	G	E	T	E
B	Y	Q	O	M	I	K	C	Q	R	N	X
T	N	E	D	Q	I	S	Q	D	R	I	B

37.

A	B	L	T	C	S	C	W	S	V	R	T
L	T	W	Q	S	A	B	A	A	M	H	N
V	Y	M	U	Y	L	Y	I	Q	P	B	D
Q	U	W	I	W	E	L	C	O	M	E	S
N	C	L	T	L	L	I	H	A	M	O	T
S	S	H	L	S	R	Y	P	A	M	Z	C
V	D	D	O	V	I	H	N	E	M	C	A
O	V	S	N	T	C	D	T	T	N	E	F
N	S	N	G	E	H	B	S	S	F	F	L
R	Z	A	H	O	I	J	I	O	W	O	R
W	I	I	X	N	L	R	L	S	N	R	I
T	D	A	G	Z	I	C	F	I	D	K	G

38.

S	U	O	M	A	F	S	S	Z	A	L	Q
K	A	I	W	Y	S	S	E	M	K	A	O
Q	Q	T	O	I	M	E	L	B	O	R	P
M	S	U	R	X	O	B	U	H	D	L	M
R	U	D	R	W	T	E	T	R	A	I	N
A	C	E	Y	L	H	T	P	N	S	P	U
L	C	H	E	A	E	W	T	N	P	O	D
A	O	E	C	O	Q	R	E	E	S	I	A
O	S	U	H	H	Z	E	T	N	D	F	S
J	S	O	A	V	A	Q	N	Z	E	E	A
E	R	T	W	H	I	S	P	E	R	E	D
N	O	L	A	N	E	Q	V	D	J	I	O

39.

I	S	A	Q	J	D	Q	N	R	X	E	R
O	T	A	A	A	B	A	E	P	S	Y	N
M	N	E	H	T	I	B	V	E	C	I	T
N	E	R	M	M	M	Z	E	U	C	M	T
A	M	E	H	U	L	H	Z	E	L	S	A
M	O	G	L	D	C	X	T	L	A	M	P
O	V	L	S	T	N	A	H	P	E	L	E
W	O	I	L	R	E	L	E	V	A	R	T
N	M	S	I	S	D	G	N	I	L	Y	G
B	Z	R	P	A	D	Z	S	I	I	K	R
T	H	G	I	L	Y	A	D	U	N	B	O
T	L	T	A	L	F	I	P	I	S	Y	W

40.

E	C	U	D	E	R	C	O	S	P	C	Y
S	E	T	O	N	A	M	B	R	T	I	S
F	M	P	A	U	S	E	P	U	I	X	A
R	U	N	N	I	N	G	O	R	O	X	T
S	G	U	L	Y	T	H	I	R	K	A	U
I	N	E	K	A	T	G	L	O	N	Y	R
G	I	G	I	I	H	H	R	T	I	O	D
N	O	D	W	T	W	S	E	I	G	A	A
E	G	E	G	A	L	F	W	N	H	S	Y
D	P	J	V	O	I	M	W	A	T	W	H
I	D	Y	W	N	A	M	G	J	Y	R	N
Y	T	C	K	Y	L	T	I	T	I	A	Z

113

Word Search

41.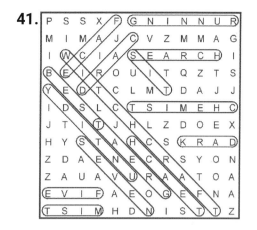

42.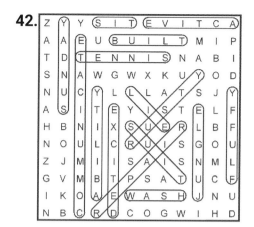

1.

1	2	3
3	1	2
2	3	1

2.

1	3	2
2	1	3
3	2	1

3.

2	1	3
3	2	1
1	3	2

4.

3	1	2
2	3	1
1	2	3

5.

2	3	1
3	1	2
1	2	3

6.

1	3	2
3	2	1
2	1	3

7.

1	3	2
3	2	1
2	1	3

8.

2	1	3
1	3	2
3	2	1

9.

3	1	4	2
4	2	3	1
2	3	1	4
1	4	2	3

10.

3	2	1	4
1	4	2	3
4	1	3	2
2	3	4	1

11.

3	1	4	2
4	2	3	1
1	3	2	4
2	4	1	3

12.

4	3	1	2
2	1	4	3
3	4	2	1
1	2	3	4

13.

2	3	4	1
1	4	2	3
3	2	1	4
4	1	3	2

14.

3	4	2	1
2	1	3	4
1	2	4	3
4	3	1	2

15.

3	2	1	4
1	4	3	2
2	1	4	3
4	3	2	1

16.

4	2	1	3
3	1	4	2
2	4	3	1
1	3	2	4

17.

4	3	1	2
2	1	4	3
1	2	3	4
3	4	2	1

18.

4	3	1	2
2	1	4	3
3	4	2	1
1	2	3	4

19.

1	3	2	4
2	4	3	1
4	2	1	3
3	1	4	2

20.

4	2	1	3
3	1	2	4
2	4	3	1
1	3	4	2

21.

3	4	1	2
1	2	3	4
2	3	4	1
4	1	2	3

22.

3	2	4	1
4	1	3	2
1	3	2	4
2	4	1	3

23.

1	2	3	4
4	3	2	1
2	4	1	3
3	1	4	2

24.

3	1	4	2
2	4	3	1
1	3	2	4
4	2	1	3

25.

3	2	1	4
4	1	2	3
2	4	3	1
1	3	4	2

26.

2	4	3	1
1	3	4	2
3	2	1	4
4	1	2	3

27.

4	1	2	3
2	3	1	4
3	2	4	1
1	4	3	2

28.

1	4	2	3
3	2	1	4
2	3	4	1
4	1	3	2

29.

3	2	4	1
4	1	3	2
2	4	1	3
1	3	2	4

30.

1	2	3	4
4	3	1	2
3	4	2	1
2	1	4	3

31.

3	4	2	1
1	2	3	4
4	3	1	2
2	1	4	3

32.

2	4	1	3
1	3	4	2
4	2	3	1
3	1	2	4

33.

4	1	3	2
3	2	1	4
1	4	2	3
2	3	4	1

34.

1	3	4	2
4	2	3	1
3	1	2	4
2	4	1	3

35.

1	3	4	2
4	2	3	1
2	4	1	3
3	1	2	4

36.

4	3	2	1
2	1	4	3
1	4	3	2
3	2	1	4

37.

3	1	2	4
2	4	3	1
4	3	1	2
1	2	4	3

38.

3	2	4	1
1	4	3	2
4	1	2	3
2	3	1	4

39.

3	4	2	1
2	1	4	3
4	3	1	2
1	2	3	4

40.

1	4	3	2
2	3	1	4
3	2	4	1
4	1	2	3

41.

5	2	4	3	1
3	1	2	5	4
4	3	1	2	5
1	5	3	4	2
2	4	5	1	3

42.

1	4	3	2	5
5	3	4	1	2
3	1	2	5	4
2	5	1	4	3
4	2	5	3	1

43.

1	2	3	4	5
5	3	1	2	4
3	5	4	1	2
2	4	5	3	1
4	1	2	5	3

44.

5	2	1	3	4
1	4	2	5	3
4	3	5	1	2
2	5	3	4	1
3	1	4	2	5

45.

2	3	1	5	4
1	5	4	3	2
4	1	5	2	3
5	2	3	4	1
3	4	2	1	5

46.

2	5	4	3	1
4	3	1	5	2
3	4	2	1	5
1	2	5	4	3
5	1	3	2	4

47.

1	4	3	5	2
3	5	2	1	4
5	2	4	3	1
4	3	1	2	5
2	1	5	4	3

48.

3	1	4	2	5
4	2	3	5	1
1	5	2	3	4
2	4	5	1	3
5	3	1	4	2

49.

1	2	5	3	4
3	5	4	2	1
4	3	1	5	2
2	1	3	4	5
5	4	2	1	3

50.

2	1	5	4	3
5	4	3	1	2
4	5	2	3	1
3	2	1	5	4
1	3	4	2	5

51.

5	2	4	1	3
4	3	5	2	1
3	4	1	5	2
1	5	2	3	4
2	1	3	4	5

52.

2	3	1	4	5
5	1	3	2	4
1	2	4	5	3
4	5	2	3	1
3	4	5	1	2

53.

3	4	2	5	1
5	2	3	1	4
2	1	4	3	5
4	5	1	2	3
1	3	5	4	2

54.

5	1	4	3	2
2	4	1	5	3
1	5	3	2	4
3	2	5	4	1
4	3	2	1	5

55.

4	1	2	3	6	7	5
3	2	6	5	1	4	7
7	5	1	2	4	3	6
1	3	4	7	5	6	2
5	7	3	6	2	1	4
2	6	7	4	3	5	1
6	4	5	1	7	2	3

56.

1	2	6	5	7	4	3
7	5	1	4	2	3	6
3	7	2	6	4	5	1
5	4	7	3	6	1	2
6	3	5	7	1	2	4
4	1	3	2	5	6	7
2	6	4	1	3	7	5

57.

6	3	2	7	4	1	5
2	5	3	1	6	7	4
3	4	7	2	5	6	1
5	1	4	6	3	2	7
1	7	5	4	2	3	6
4	6	1	3	7	5	2
7	2	6	5	1	4	3

58.

4	2	5	6	1	3	7
7	1	3	4	5	6	2
2	7	1	5	3	4	6
6	4	2	3	7	5	1
5	6	7	1	4	2	3
1	3	4	2	6	7	5
3	5	6	7	2	1	4

59.

4	2	1	3	5	6	7
7	6	5	2	4	1	3
1	7	4	5	3	2	6
2	5	3	6	1	7	4
3	4	6	1	7	5	2
6	1	7	4	2	3	5
5	3	2	7	6	4	1

60.

2	5	1	7	4	6	3
3	6	4	5	1	2	7
6	1	7	3	5	4	2
4	7	2	1	6	3	5
1	3	5	4	2	7	6
7	4	6	2	3	5	1
5	2	3	6	7	1	4

61.

5	6	2	7	9	8	4	3	1
7	9	4	1	3	2	8	6	5
3	8	1	6	5	4	7	2	9
1	3	7	8	6	5	2	9	4
9	4	8	3	2	7	5	1	6
2	5	6	4	1	9	3	8	7
4	1	9	2	7	3	6	5	8
8	2	5	9	4	6	1	7	3
6	7	3	5	8	1	9	4	2

62.

3	1	6	5	4	7	9	8	2
9	5	4	2	1	8	7	6	3
2	7	8	3	6	9	5	1	4
8	9	7	6	3	4	2	5	1
6	3	1	8	5	2	4	9	7
4	2	5	9	7	1	6	3	8
5	4	3	1	2	6	8	7	9
7	6	9	4	8	3	1	2	5
1	8	2	7	9	5	3	4	6

63.

7	3	1	8	5	2	9	6	4
6	9	4	1	3	7	2	8	5
2	8	5	9	6	4	7	1	3
4	1	9	6	8	3	5	7	2
8	7	2	5	4	1	3	9	6
3	5	6	7	2	9	1	4	8
9	4	3	2	7	8	6	5	1
1	6	8	3	9	5	4	2	7
5	2	7	4	1	6	8	3	9

64.

9	7	6	4	2	8	1	3	5
1	2	3	7	5	6	9	8	4
8	4	5	9	1	3	6	7	2
4	5	8	3	7	1	2	6	9
3	1	2	5	6	9	8	4	7
7	6	9	2	8	4	5	1	3
2	8	4	1	3	5	7	9	6
5	3	1	6	9	7	4	2	8
6	9	7	8	4	2	3	5	1

65.

5	1	4	6	2	7	8	3	9
2	8	7	5	9	3	4	1	6
3	9	6	1	4	8	2	5	7
7	3	1	9	6	4	5	2	8
9	5	2	7	8	1	3	6	4
4	6	8	2	3	5	9	7	1
8	4	5	3	7	6	1	9	2
1	7	9	4	5	2	6	8	3
6	2	3	8	1	9	7	4	5

66.

6	9	1	4	3	2	8	7	5
8	5	3	9	6	7	4	1	2
2	4	7	8	1	5	6	9	3
3	2	8	1	4	6	9	5	7
9	1	5	3	7	8	2	4	6
7	6	4	2	5	9	1	3	8
4	7	9	6	8	3	5	2	1
1	3	6	5	2	4	7	8	9
5	8	2	7	9	1	3	6	4

KenKen

1.

2.

3.

4.

5.

6.

7.

8.

Maze

9.

10.

11.

12.

How do you like our book?

We would really appreciate you leaving us a review.

Other Activity Books:

For other fun Activity Books by Vanstone,
simply search for

| Vanstone Activity Books |